POESÍA EN LAS RECÓNDITAS AGUAS DE MI ESENCIA

Starling Umanzor

Honduras

Reservados todos los derechos. No se permite la reproducción total o parcial de esta obra, ni su incorporación a un sistema informático, ni su transmisión en cualquier forma o por cualquier medio (electrónico, mecánico, fotocopia, grabación u otros) sin autorización previa y por escrito de los titulares del copyright. La infracción de dichos derechos puede constituir un delito contra la propiedad intelectual.

El contenido de esta obra es responsabilidad del autor y no refleja necesariamente las opiniones de la casa editora. Todos los textos fueron proporcionados por el autor, quien es el único responsable sobre los derechos de los mismos.

Publicado por Ibukku
www.ibukku.com
Diseño y maquetación: Índigo Estudio Gráfico
Copyright © 2020 Starling Umanzor
ISBN Paperback: 978-1-64086-678-2
ISBN eBook: 978-1-64086-679-9

Se supone que en esta página debería ir la sinopsis o algo así como la introducción, ¿verdad?
Pero no. No estará aquí. Prefiero que descubras por ti mismo y sin pista alguna lo que te espera.
¡Gracias por leerte!
¡Espero logres encontrarte en algún verso!

Pensándolo bien, tal vez esta si sea una sinopsis o una introducción, pero no de mi libro, sino de mi alma.

A continuación:

La sinopsis de mi alma.

Sinopsis de mi alma

Y ahora, busco nuevas conquistas mentales. Nuevas pistas de baile. Nuevas teorías unificadas. Nuevas miradas. Nuevas risas y sonrisas. Nuevas paradojas. Nuevas metáforas. Nuevas almas. Nuevas creencias. Nuevas conciencias. Nuevas oportunidades sentimentales. Nuevas curvas labiales. Nuevas heridas, nuevas entradas y nuevas salidas. Y aún lo busco, hablo de nuevas aventuras. Nuevas lágrimas. Nuevas leyes. Nuevas oscuridades y nuevas palabras recomendadas, para todas las edades. Nuevas melodías que nos ayuden a recuperarnos día a día.

Y sigo buscando, buscando nuevos libros. Nuevos aromas. Nuevos universos. Nuevos dolores inversos. Nuevos horizontes inmersos. Nuevos creadores. Nuevos defensores. Nuevos colores. Nuevos amores. Nuevos seres humanos mejores. Nuevos cielos. Nuevos consuelos. Nuevos hoyuelos. Nuevos razonamientos. Nuevos sentimientos.

Y ahora…, y ahora que salí allá fuera, siento pena al observar cómo unos con otros se envenenan. Y ahora, y ahora que lo veo, no paro de pensar cómo el mundo se ilusiona con disfrutar sabiendo que se muere por fracasar. Y lo veo, todos los días lo veo. Parece un dilema, porque por más que escriba nada solucionará estos problemas. El odio y el egoísmo han enmudecido nuestra voz interior, hemos perdido el valor y hemos ganado el rencor. Todos hemos fallado. No podemos editar el pasado, ni mucho menos predecir el futuro…tal vez, no conozcamos los sueños del mundo, pero si sus pesadillas.

Gratitudes

A todos mis amigos por todo el apoyo recíproco: **Ashly Pineda** a quien quiero y respeto mucho, **Acsa Menjivar** que siempre estuvo dispuesta a leer uno de mis poemas, **Arnold Laureano** por su carácter animador, *Alejandro Aguilar* mi hermano del alma, **Alexander Ávila** por sus inmensas palabras, **Any Funes** quien confió en mí, **Andrea Valeria** mi compañera del salón de clases, y a mi gran amigo *ASGA* de quien jamás me olvido. A **Cristopher Espinal** por su sincera y esmerada amistad. Y a **Angie Nativi** por ser la persona más cercana que tengo en estos momentos fuera de mi país.

Gracias a *Damaris Raquel* ex–compañera, a **Dayanara Cruz, Dayana Maldonado, Ethlin Salinas** y **Eunice Martínez** que una vez me escucharon y me dijeron que podía lograr mi primer libro, y vean ya este es el tercero y el primero que publico. A **Fernando Arévalo**. A *Francis López* que nunca se enteró sobre mi entusiasmo por la poesía pero que tuve su apoyo cuando no era nada. Gracias **Gina Paola** por las palabras de admiración, Gracias *Greysi Alonzo* por ser base fundamental en mi vida, por sus palabras de apoyo, por ser mi mejor amiga y por su extraordinario cariño. Mi sincero agradecimiento a **Heydi Guevara** por su sostén, **Héctor Navarro** por ser una increíble persona y catedrático, y por supuesto como olvidarme de la gigante **Heydi Herrera** a quien le tengo mucho cariño y admiración. A *Helen Omaris*. Reconocer a **Jazmín Madrid** que ojeó alguna vez mi manuscrito invirtiendo algo tan valioso como lo es el tiempo en mis ideas plasmadas.

No dejar por descartado a *Jean Mark* por su apoyo y a toda su familia.

A **Jennifer Palacios, Leslie, Jesica Karina Gil, Oscar Gonzales, Jhasmine Tabora, Betulio Bracho** y su hermana **Isabel**. **Jackie Vásquez, Jordan Ponce, Jeancarlos,** y **Vanessa Marroquín** que son mis compañeros actuales en la secundaria Klein - Forest.

Le cedo mi respeto a **Karolina Cruz** compañera mía que sirvió de inspiración en mi poema titulado: "La Chica de la Clase" de mis primeros escritos en mi primer libro personal. Entregarle crédito a **Keysi Cantarero** que percibió mi escrito. Dar Gallardía a **Maryuri Ramos** y **Merary Hernández** por su gran apoyo sin titubear, y a **Melissa Soto. También a **Maryuri Cruz Maldonado**. Gracias **Nancy Lucila** por tu amistad y tu apreciado afecto. Gracias ***Stephanie Paola***. Gracias <u>***Suanny Pacheco***</u> por tu eterno apoyo, por ser primordial, por nunca dejarme solo, por ser una de las personas más influyentes en esto, y por tu gran amistad…

A **Wen Bonilla** por su ternura divina. A **Waleska Reyes Rodríguez**, **Yaris Zoar**, y a **Yaritza Quintanilla** por confiar en mí siempre.

¡Ah! También **Zabdi** por su adoración.

¡Gracias a todos!

¡Y a mi familia también!

Perdón si dejé un nombre por fuera.

Mi sincero agradecimiento a la catedrática **Roxana Núñez.**

Ella fue la influencia a este arte de escribir.

Por siempre estaré agradecido, y nunca dejaré de dar las gracias.

¡Gracias de todo corazón Lic.!

INTAE, S.P.S.

JSMU

- **Posdata:**
— Tus opiniones son bienvenidas, no importa de dónde vengas, lo que hayas hecho, o lo que tengas, ya seas niño, joven, adulto, o anciano, tus críticas o felicitaciones valen lo mismo.

Autores de mi vida:
Carlos Roberto Miranda y Yuliza Gladibel Izaguirre Umanzor.

Agradezco a todos/as los/as turistas que se han atrevido a dar un paseo en mi vida, y que a pesar del poco tiempo hospedados enseñaron a mi mundo ordenar cada pieza maestra con suma paciencia y delicadeza al soplo de corregir mis errores. Así como también le doy gracias a este momento único que me ha permitido escribir y pensar. Por todas esas largas noches de desvelo.

Por todas esas citas magistrales con la paciencia. Por todos esos besos que le he robado a mí recuerdo. Por todas esas ilusiones con mi futuro. Por todos esos creyentes «*en mí*» alzando la voz. Por todas esas parábolas de la fe llenando cada rincón. Por todas esas lluvias de ánimos sanando heridas en mi espíritu. Por todos esos ocasos de motivación. Por todos mis años de vida en pleno crecimiento. Por todas esas horas que han valido la pena llenando de indiscutibles ideas mi conocimiento, por eso y por mucho, me atrevo a decir que los sueños se cumplen, y que el *mundo* no todas las veces tiene que saberlo, porque lógicamente de la manera más indirecta y viceversa: sabemos que los sueños del mundo no los conoce ningún ser humano. Así que, aunque el *mundo* no lo sepa, soy Escritor.

Twitter: jefrymiranda74
Facebook: Jefry Starling Miranda Umanzor
Instagram: starling_umanzor

Casi lo olvido,
¡Gracias a IBUKKU!

Índice

REINICIO	31
CIELO	32
ES SENTIMIENTO	33
VISIÓN	34
RECÓNDITO	35
Niño «de 7 años»	36
ANTI-NATURAL	37
TIERRA	38
IDEA	39
CAMA	41
MUJER	42
DIME…	43
CONCIENCIA	44
SORPRENDENTE	46
EXISTIR	47
MERCURIO	48
PODEMOS	49
¿PENA?	50
GUERRA	51
¡MÍRAME!	52
ÉL	53
POR ELLA	54
AFUERA	55
BIPOLAR	56
FIESTA	57
FIRMA	58
AMAR	59
MI ESPACIO	60
TRISTE	61
FARSANTES	62
REALIDAD	63
CELESTIAL	64
ESCRIBO	65
01/02/2002	66
RENCOR	67

DESEA	68
SIN TEMORES	69
NUEVA	70
CITA	71
RENOVACIÓN	72
EMOCIÓN	74
FACÍL	75
DETALLADA	76
PASADO	77
OCASO	78
ODIO	79
BREVE	81
CÁNCER	82
PERSPECTIVA	83
YO	84
ZARPÓ	85
NEPTUNO	86
REMORDIMIENTO	88
ENTORNOS	89
DESAHOGO	90
TÚ	91
AMOR	92
SATURNO	93
PODEMOS	94
MADURAR	95
AGUERRIDA	96
DOBLAJE	97
ENCARIÑADO	98
MUERTE-VIDA	99
ILUSIÓN	101
ACTUAR	102
ELLA	103
MAGIA	104
¿ADIVINAR?	105
ENAMOR ATE	106
SALVACIÓN	107
UNIVERSO	109
BREVE	110
DÉJAME	111

NO	112
GUÍA	113
BIG BANG	114
JUSTIFICADO	115
ESCRITOR	116
COMPROMISO	117
EDITORA	119
ANÁLISIS	120
ESENCIA	121
FUGAZ	122
ESTRELLA	124
APARIENCIAS	125
GJ 667C c	126
¿JUGASTE?	127
INTERIOR	128
MUNDO	129
ELLA	130
SOLO	131
RESERVADO	132
TIRANÍA	133
AUTÉNTICO	*134*
CONTRADICCIÓN	135
VUELA	136
VIEJO	137

REINICIO

Renovando almas

Deja que el aire se lleve tus problemas por un instante, reflexiona el ayer, vive el hoy. Nunca olvides el olvido, y olvídate de tus "no puedo". Llora para mejorar, ríe para disimular, lee para experimentar, péinate para la vida, y búrlate en la cara de la muerte. Escribe tus versos actuando a diario, edita tu vida perdonando, ríndete tal vez por siempre físicamente, pero nunca espiritualmente. Se retorico antes, sobre, y después de una relación, que la depresión domine tu cuerpo, pero que la ilusión conquiste tu alma y sentimientos.

Que, en los 15 años, no debe ser el único día que sepas que eres una princesa, que la definición de tu actual tecnología te colme de gozo al saber que viviste tu infancia como se es. Besa el cielo con tu mirada cada amanecer, se justo con la injusticia, aunque parezca demasiado injusto serlo. Ajústate el traje de fe, perfúmate de logros, camina con seguridad, pero mientras tanto, no corras con la inseguridad. Siente orgullo por una vez, rompe reglas, ignora miradas, elimina contactos y agrega otros, cancela solicitudes, siéntete importante en este momento, porque si no es ahora, jamás lo será.

Sufre con una sonrisa para que le bajes la autoestima al sufrimiento, róbale un segundo de su tiempo al tiempo, secuestra las mentiras, libera las verdades, ama con el corazón y razona con el alma. No duermas para cumplir tus sueños, mantente despierto en la realidad para luchar por ellos, y no te des por vencido, no te rindas, porque a lo mejor el fracaso es un espejo del éxito, así como el cielo lo es del mar.

CIELO

Sonreírle a la Luna llena. Bajo las estrellas frente al mar.
¡Que gozar para el alma!
Lo mejor del mundo para olvidarse de todo dolor profundo.

ES SENTIMIENTO

Me he preguntado, ¿cómo debería comenzar este libro?
Y creo que el primer paso es dios.
Aunque debo admitir que no me gusta la idea de mencionarlo
porque se evolucionan muchos debates.
Pero dios, es el único camino que puede llevar a la humanidad a la paz. La fe es algo que no se puede ver ni viéndose al espejo, pero si se puede sentir encendida en el alma. Con respeto a la religión digo que dios es amor, no dinero ni casa nueva. Es vida. Es regocijo.
Es esperanza. Es cariño. Es fuerza. Es sentimiento.
Es un ocaso en nuestro interior.
Solo él puede llenar cada rincón de nuestras almas herméticas.
Debemos amar, y la mala experiencia olvidar. El secreto de la vida
es entretenerte, para que dios no pueda conocerte.
Quien no demuestra interés, no es digno de ayudar.
Pero hasta el más drogadicto puede sanar.
No, no hay imposible. No hay.
Ya no digamos *"creo en dios"*, porque él, realmente existe.

VISIÓN

Recuerda siempre: el universo surgió de la nada, y ahora, lo es todo.

Enfócate, enfócate en lo imposible para que nunca bajes el ritmo de pelea, o de entrega. Demuéstrale a todos aquellos que se ríen de ti, que tu enfoque es más fuerte mentalmente que físicamente. Y si en algún dado caso dudas, o sientes miedo, debes considerar que el miedo también siente miedo de tu valentía oculta. No te rindas a inicio del camino, porque hay un secreto grande que tiene oculto tu destino. En los sueños no importa nada, solo basta tener dedicación y trabajar duro. No pierdas la esperanza, y cuando lo logres, sonríele al fracaso con tu éxito en señal de la venganza.

RECÓNDITO

Ríe aunque por dentro estés muerto, despierta todos los días con ganas de ver la salida del sol, despliega la vista armando dibujos con un estilo geográfico en la oscura noche del cielo, ignora la perfección y utiliza la razón, arma el desorden de tus problemas así como un rompecabezas, no llores por amor, no dudes de tus ideas, dibuja una bella comisura en quien te percibe y describe tus *"te quiero"* con un abrazo a quien se lo tiene merecido.

Que la filosofía denominada auto-pensamiento negativo no te haga dudar de satisfactorias ventajas que posees, porque aquel que piensa sabe amar, y sabe cuánto tiempo dedicar. No te bases en *"creo"* porque todo existe, ya sea para bien o para mal. Reserva todo el amor posible para la indicada, y si es un imposible, rompe todas las leyes de lucha antes de morir por algo inalcanzable. Trabaja por tus sueños, y llénate de silencio cuando estés a punto de lograrlo, porque quien aparenta una oveja por fuera, es un león por dentro luchando por ellos.

Que las horas valgan más que tu dinero, se un astronauta buscando mundos interiores, aprende a nadar en las aguas de la tristeza, así como lo haces cuando estás bien. No todos los cielos de las personas son igual al tuyo, algunos no ven las estrellas ni la luna, solo la oscuridad extinguiendo las esperanzas. Sigue amando sin condiciones y sin fronteras, nunca dejes que el vacío de tu corazón sea más infinito que el universo por culpa de otra persona.

Sé un profesional enseñándole a la vida a vivir, y sé un soldado declarándole la guerra a la muerte. Crea archivos del futuro con la imaginación, has arte dibujando una sonrisa única en los demás, compone con el silencio, lee las personas y ensaya sus buenas cualidades, busca la humildad y llegará la tranquilidad. Busca tu sueño, y lo encontrarás. Busca al amor de tu vida, anda

¡Búscalo!

¡Hazlo! Pero no con rencor a la humanidad, porque nunca lo encontrarás.

Niño «de 7 años»

Guardo en mi diario un consejo perplejo del niño de 7 años frente al espejo. Y ahora lo recuerdo, hablo de la pérdida de valor que dibujó en mi interior el rencor. Y lloré en silencio, sin necesidad de una palmada en la espalda, sin necesidad de un susurro en mi oído que calmara mis sollozos. Con una sonrisa de tonalidad gris y sin diminuta cordialidad al recibir un abrazo y con suma tranquilidad al soplo de escuchar un balazo.
Pero no...ya todo acabó.
El niño ha quebrado el espejo con el puño. Y ahora ha dejado en un sótano todos los recuerdos olvidados, apartando el rencor y reconciliando poco a poco la esperanza en la peor época del amor.
Y goza, ahora goza sin necesidad de grandes razones, sin necesidad de deprimirse por los malos amores, sin necesidad de poner alguna excusa por sus dolores interiores.
La costumbre de los balazos suele sentirse como abrazos. Con una sonrisa presumida, a cualquier mal comentario intimida.
Y sí, así todo acabó...el niño todo, lo superó. Sin rencor, y con un poquito más de amor.

ANTI-NATURAL

Deja de zarparte en esa maldita depresión. Que no ves que poco a poco destruye tus ganas de vivir, ¿Eso es lo que quieres? De verdad ¿Quieres morir?
Si hablar de la muerte es natural, hablar de la vida debe ser algo antinatural, ¿verdad?
Así que no te digas a ti mismo que te mueres por querer morir, y muérete por querer vivir, porque vivir es algo antinatural y morir no. Toma en cuenta que no todos tienen la oportunidad de nacer y ser antinaturales para el mundo.
En resumen, tener vida es igual de natural que la muerte, pero *vivir* la vida es de otro mundo espiritual que aún nadie se ha inventado.
Bueno, en fin, deja de pensar en el jodido suicidio y comienza a vivir.

Confuso, ¿verdad?

TIERRA

Tiene grandes dudas, pasa el tiempo y se forma su vientre dejándose ver solo la mitad de su elipse, con una pequeña Luna en el centro yendo un poco al oeste de su Ecuador 0°específicamente. Tiene 9.8 semanas, su embarazo apenas comienza, va rumbo a 12 semanas con una velocidad de rotación de 24 horas.

Tiene duda, ha pasado por climas desagradables entre vómitos, cansancio, tsunamis de sangrado, terremotos pélvicos, ausencias de la llovizna menstruacional, y algún que otro sentimiento sensible en ambos volcanes. Tiene miedo, no sabe qué hacer después de aquella violación…y lo ha pensado un 70% quiere abortar al infinito que lleva en su vientre, así como la tierra, lo quiere hacer con nosotros.

IDEA

Hoy estamos aquí, mañana quién sabe.

 — Tengo una idea.
Y si nos hospedamos en el hotel de la paciencia.
Y si nos tatuamos el concepto del amor en nuestros corazones.
Y si dejamos de fingir sonrisas.
Y si dejamos que las cicatrices se las lleve la brisa…
 — A ver. Tengo otra idea.
Y si comenzamos a hablar con actos.
Y si nos besamos con la mirada.
Y si el ruido callara.
Y si el silencio hablara.
No lo sé, es cuestión de respeto, que por una vez en la vida el ruido le diera la palabra al silencio.
 — Tengo otra idea, pero esta es perversa.
Y si nos perdemos en el océano de las sabanas por una noche.
Y si tratamos de ir a esos lugares misteriosos entre piernas.
Y si hacemos una composición, una nueva posición.
Y si conectamos nuestros cuerpos vía deseo.
Y si hacemos el amor sin temor, olvidando todo el maldito dolor.
 — Y sí, tengo otra idea…
Y si mejor ignoramos al mundo, para que el mundo también nos ignore.
Y si apreciamos más que nunca el verdadero valor de una sonrisa.
Y si escribimos poesía en nuestros cuerpos con tiernos besos.
Y si bailamos una balada al ritmo suave, íntimo y expresivo del mar.
 — Bueno, ya se. Ya sé lo que te diré.
Y si mejor te digo que, te amo, que me vivo por estar en tu corazón, que mi palpitar esta porque tú estás, que mi droga es tu sonrisa, que mi seguridad aumenta a la velocidad en que sonrojas tus pómulos. Y si mejor te digo que, mi metáfora sabe a realidad cuando sujetas mi mano, que mi convicción se doblega al escuchar tu alentada voz, que mi sonrisa no se cansa de la rutina al sentir tu calor, que mi alma baja la guardia cuando tus huellas digitales rosan mi piel, que mi antojo es ser tuyo y que tú seas mía, que mi inspiración está en ti.

—Y si mejor te digo que me des una oportunidad, que regreses a mi lado, que vuelvas a ser la misma de siempre, que brilles, que susurres en mi oído, que me sonrías como a nadie en el mundo, que me abraces, que me beses. Pero, ya nunca lo harás, nunca después de aquel accidente, porque la vida me ha cerrado la puerta, y desgraciadamente…tú ya estas muerta.

PD: Claudia Cardoza.
PD de la PD: Al fin cumplí mi palabra.

CAMA

Veo llover por la ventana.
Yo en las sabanas de mi cama.
Lugar donde reina la calma y donde muchas veces se enciende el alma...

MUJER

Me alegro por ti Evelyn.
Y no, no es la luz del sol entrando por nuestra ventana. No es ningún libro polvoso en la estantería de la biblioteca. No es un disco rayado. No es la neblina en la oscura madrugada. No es el concierto de un famoso lleno de cadenas u atuendos de marca. No es ningún programa de televisión vacío. No es una coreografía con pasos firmes y similares. No es ningún cuadro artístico de la antigüedad o la actualidad. No es ningún mensaje escrito. No es ninguna fórmula matemática. No es ninguna investigación científica.
Es más que eso. Es un ocaso. Es un astro que se ha colado en nuestras vidas para atraer la felicidad.
Y ahora ya lo recordó. Ya recordó el recuerdo de su futuro. Al fin lo hizo. Al fin después de tanto tiempo.
Es el día más importante para una hija que sueña como madre, y que ahora tiene la oportunidad de convertir ese sueño en realidad.
Ha nacido su hija.
…
…
…
…
¡Ah! Perdón. Casi lo olvido.
¡Felicidades hermana!
Y ahora, ¿Cuál será su nombre?
  —Lía Evangely.

DIME…

Y dime.
— Qué sabrás tú del dolor si nunca has visto como el *alzhéimer* se traga a bocados gigantes a un familiar tuyo.
— Qué sabrás tú del arrepentimiento si nunca has eclipsado el amor de tu padre con el de tu madre.
— Qué sabrás tú de alucinación rota y perdida de la realidad si nunca has sufrido de esquizofrenia.
— Qué sabrás tú de la humillación, o de la indignación si nunca has sido víctima de *Bullying*.
Y dime.
— Qué sabrás tú de las verdaderas ganas del suicidio que valdrían la pena si nunca has padecido de *esclerosis lateral amiotrófica*.
— Qué sabrás tú de quedarse completamente sin aliento si nunca has sufrido ataques cardiacos.
— Qué sabrás tú del verdadero amor si nunca te has enamorado de la vida, así como lo hace una persona que vive con cáncer.
En fin, mejor dime…
— Qué sabrás tú del sentido de la vida, si nunca la has valorado y vivido al límite.

CONCIENCIA

Y es que mi objetivo va más allá de querer hacer conciencia. Va más allá del verdadero valor de nuestra existencia.
Y es que el motivo de mi expresión va más allá del placer. Va más allá de la diferencia entre lo bueno y lo malo que debemos conocer.
Y es que mis versos no son para cualquiera, son para aquellos valientes que se sientan a analizar cada palabra en una acera. Esto es como el ejercicio en la mañana, o como hacer el amor en la cama, esto es tan real porque va más allá de querer tener fama.
Y es que esta mierda no es fácil, se complica mucho más cuando el autor carece de problemas múltiples e inverosímiles.
Y es que la gente hipócrita se miente así misma, unos creyéndose más que otros, unos cargando en su conciencia cientos de corazones rotos, unos queriendo eliminar su recuerdo como quien elimina fotos.
Otros exhibiendo el alcoholismo en sus estados, más no saben que otras infancias por esta apeste han sido apuñalados. Y me incluyo, en mis escritos fluyo, pienso antes de escribir luego lo distribuyo, para ver si el problema en tu interior con mi mensaje lo sustituyo, y es que solo expresándome siento que de mi tristeza huyo.
Que paranoia más desastrosa, y es que cántate que nace, quiere copiar lo que el otro hace. Y es que empiezo a dudar de la prioridad, pero así es la copia de mala calidad y hay que resignarnos a la oscura realidad.
Que estupidez pensar que ahora hablar de amor y de conciencia es estar enfermo de trastorno bipolar o de demencia.
Mi mensaje casi no se comparte, pero debemos aprender a respetar porque esto de verdad es amor al arte. Y es que hasta un evidente lo diría, nada de lo que relato es porquería, sino el alimento que necesitamos hoy en día.
Si la verdad te ofende quién te entiende, quien lee aprende, y quien busca la calle en oportunidades desciende.
Qué paradoja; la mujer de baja autoestima frente a un espejo suele que más se deprima, y duele más cuando en sus ojos se nota la humedad de su desagradable clima, y es que no hay nada ni nadie que las anima.
Y es que olvidé mis ideales que puse al principio de este libro y me deje llevar por lo que sentía, deje salir rimas severas en sol de pesadillas.

Me ha ido mal en el amor, pero no importa ya me acostumbre al dolor. Muchos por ahí creyéndose reales y malandros por hacer droga, y a ti ¿qué te importa? alguien me interroga, pues no joda busque otro consejo a ver quién se lo dialoga porque entrar al mundo de los vicios es ahorcarse con una soga.

Ya me siento como exhausto, ya casi es hora de ir a dormir y tengo miedo de no volver a despertar y dejar de existir, porque aún me faltan cosas por vestir, por salir, por sentir, por definir, por corregir, por describir, por reír, por dar y por recibir.

Y es que a veces me descontrolo, porque puedo ser poeta, pero sigo sintiéndome solo.

Y es que a pesar de todo sigo inspirado, y a mi coraje aún vivo anclado.

Y es que no dejo que la tristeza me invada, pues prefiero ser yo quien le proporcione una follada.

Y es que sigo, no me detengo, lo que digo lo sostengo, y los problemas los prevengo…

SORPRENDENTE

Es sorprendente. Sí. Es sorprendente que después de una traición, desconozcamos a alguien sabiendo todo sobre su vida como a la letra de una canción. Y es que el mundo…no, el mundo no. Y es que los seres humanos somos el problema. A veces nos entregamos más ya sabemos, que en ocasiones triunfamos, o/y fracasamos. Porque en eso consiste la vida, arriesgar para ganar, o arriesgar para fracasar.
Es sorprendente. Es demente jugar con un corazón y causar su muerte en un supuesto accidente.
Es sorprendente. Sí. Es sorprendente saber que ya nada me afecta mentalmente. Todos los insultos me caen como anillo al dedo, una sonrisa única les concedo porque puedo…y es que en mi interior no existe ningún tipo de miedo.
Y a la crítica esto es como un roce excitante, me lo follo y lo dejo ir porque no tiene nada de interesante. Y es que, sin rencores, se conocen nuevos amores, olvidando los viejos dolores.
Y es que, todo lo que necesitamos es amar. Amar para progresar, pero mientras tanto seguiré renovando tecnologías sentimentales, para hacer propagandas a las personas reales.

EXISTIR

Morir por alguien. Que buena idea, ¿cierto?
Sería una manera honorable de morir.
Sería mucho mejor que existir por existir.

MERCURIO

Se ha enamorado por primera vez. Siente algo que nunca había sentido. Se encuentra soltero desde su primer día de existencia, no sabe qué es amar y ser amado. Su cuerpo es sólido, no posee abdominales marcados, tampoco bíceps sobresalientes. Es elegante sin usar corbata, es un caballero queriendo darlo todo por una chica. Lo juzgan por ser pequeño sin saber que contiene un gran potencial. Se ha enamorado y quiere expresarlo.
Se ha enamorado y quiere dibujar un cielo para su chica. Se ha enamorado y quiere componerle una canción con los mejores versos. Se ha enamorado como loco. Se ha enamorado como pocos. Se ha enamorado y quiere regalarle su tiempo a cambio de un beso. Se ha enamorado de sus pupilas, de sus pómulos, de sus ojos, de sus pestañas, de su sonrisa, de su faz, de su verano, de su invierno, de sus locuras, de su cuerpo. Se ha enamorado…y piensa en seguir callando. Se ha enamorado, y sabe que es un posible «imposible».

PODEMOS

Y cuando voy a escribir, mis recuerdos suelen revivir, y me hacen sufrir, pero no me quejo puesto que mi corazón ha reemplazado el odio por el sentir, y por más daño que reciba nunca deja de latir.

Mi alma a veces se deprime, cada vez es más difícil mantener mi pensamiento a la altura del amor, y siento que es más fácil mantenerlo a la altura del rencor.

Podría ser arrogante o rencoroso, vengarme y ser orgulloso sería fabuloso, pero ¿dañar a otros que tiene de asombroso?

Estoy cansado de ver a jóvenes creyéndose malandros, me gustaría ver sus caras cuando maduren y logren captar tanto como analizar todas las estupideces que prefirieron, en vez de querer triunfar.

La peor enfermedad para la juventud es la moda, de eso no se trata la vida no joda, decir la verdad sé que te incomoda, pero *inmaduros* es como se les apoda.

Podemos reconstruir algunas conciencias.

Podemos aliviar un poco la depresión.

Podemos fortalecer una relación.

Podemos y solemos hacer sonreír lo que muy pocos sabemos: el alma.

Podemos demostrar el verdadero valor de la vida.

Podemos escribir estupideces como usualmente en algunas canciones, pero preferimos ir a las altas dimensiones donde solo los sabios sabemos cómo conquistar las emociones.

¿Pena por exponer el amor?

— Responderé esta pregunta en la siguiente página.

¿PENA?

¿Pena por exponer el amor?
Pena me daría escribirle a la persona quebrantada del corazón, que ahogue sus penas con una botella de alcohol para su momentánea sanación.
Pena me daría como joven, callar mis ideales por los cuales hacen razonar y reflexionar a quien quiera acatar… porque al fin y al cabo, es lo que necesitamos.
Y aunque te cueste aceptar, lo que aquí estás leyendo no lo encontrarás en ningún otro lugar. Y no siento pena exponer el amor ni mis ideas.
Pena me daría hablar estupideces que no soy.
Pena me daría jugar a ser el fuerte.
Pena me daría decirle a un joven que las drogas te llevan a lo alto, cuando en realidad te hunden en las tinieblas más oscuras.
No escribo por escribir, no escribo para mentir, escribo para sobrevivir en un mundo que se aleja del amor y se empieza a destruir.
¿Pena por exponer el amor?
Pena me daría hasta sentir un poco de pena por lo que expreso escritamente.
Pena me daría tener una relación incomprensible con la ex novia de un amigo mío.
Pena me daría cambiar la elegancia por la moda.
Pena me daría hablar del suicidio, cuando puedo luchar contra la depresión con o sin familia y amigos.
¡Anda! Pregúntale a una persona lo suficientemente madura si no tengo la razón en todo lo que digo.
Y si mi verdad te sabe a arrogancia, analiza las d*os palabras* porque son distinta fragancia.

¿Verdad?

GUERRA

No lleva armas a la guerra. Él lleva fe en su esencia. Su familia dice que ha perdido la conciencia, saben que le queda poco tiempo a su existencia. La quimioterapia le quita las ganas de vivir, desde hace mucho tiempo ha dejado de sonreír, y quien lo fuera a decir, su corazón aún se aferra al "existir".
Se desvanece muy en su interior. Tiene noches oscuras y eternas de terror. El cáncer no le tiene piedad. Siente como se lo devora poco a poco la soledad aun y cuando su familia ha estado con él en su peor debilidad.
Ha perdido su identidad. Su brillo se apagó con el tiempo. Sus días son de llantos y tormentos. En su interior muere. El cáncer lo tiene. El cáncer lo quiere.
Cómo puedo ser feliz viendo a mi padre poco a poco morir.
Cómo hago que mis esperanzas no bajen de ritmo y que se mantengan firmes como cuando el cáncer ni siquiera se había enamorado de él.
Y se enamoró. El cáncer se enamoró de él. Y él. Mi padre. Y mi padre comenzó a ser infiel. Lentamente entregaba su piel. Pasaban los días, para algunos eran alegría, para otros aquellos días eran pesadillas.
Se notaba que estaba desorientado, en su mirada se miraba que estaba fragmentado. Engañaba a mi madre con su amante, entregaba su alma y corazón a una enfermedad asfixiante.
Y mi padre…desgraciadamente también se enamoró de ella. Razonó por su familia y de ella se quiso deshacer, pero era demasiado tarde porque el cáncer no pensó en desaparecer.
Siguió viviendo con el cáncer en sus entrañas. Cada hora era un diluvio que no cesaba. Mi cara desgastada, mi madre anonadada, y mis hermanos perdidos en la nada «de sus tristezas».
Hasta su último aliento confié, pero hoy, con el cáncer mi padre se fue. Nos abandonó. Ya nunca vendrá a casa. Y esta tristeza es indescriptible. El vacío desborona cualquier fortaleza. El estado de ánimo esta por los suelos. Los recuerdos no dan consuelo. La vida cuelga de un hilo. El dolor nunca se va, pero nos acostumbramos adecuadamente a vivir con él.
La guerra que pocas veces ha sido ganada, será nombrada: cáncer.
Y hoy perdió uno más. Hoy perdió alguien que en *vida* nunca asimilo la vida por perdida.

¡MÍRAME!

No soy de expresar sentimientos.
¡Mírame! No soy poeta, ni mucho menos cantante de ópera para llegar a tu alma y corazón.
¡Soy simple y sencillo! Un joven de bajos recursos. Autentico en su honestidad. Mítico y audaz.
No suelo ser elegante.
¡Mírame! No llevo joyas alrededor de mi cuello, ni mucho menos una cara agradable.
Soy discordante e interesante. Un joven de alto conocimiento. Agradecido desde nacimiento. Comprensible y razonable.
No soy mucho para hablar.
¡Mírame! No cargo mentiras, ni mucho menos adulterios en mi conciencia.
Soy sensible y reservado. Un joven de muchas palabras. Más de actos que bulla. Educado y caballeroso.
No soy lo que no soy. Soy lo que soy. No aparento nada.
Puedo presentir. Con el paso del tiempo aprendí a vivir. A crecer y sonreír. Amar sin tener que fingir.
¡Mírame! Soy humilde y prudente. Aclaro que soy consciente. Soy lo opuesto a lo que dice la gente.
Vivo feliz. Vivo tranquilo. Tengo paz interior, y nada me falta si la vida me regala un día más…un día más a tu lado.
¡Amor, te amo!

ÉL

Él solo te hace sufrir. Tu mirada no puede fingir.
Él que llena tus vacíos con golpes, y yo que lo hacía con poesía.
Él te engañó haciéndote su sueño, y tú te dejaste llevar encontrando tu auténtica pesadilla.
Y yo que te amo. Quería entregarte todo de mí, yo no fingí, y por ser únicamente honesto te perdí.

POR ELLA

Yo te busqué, pero no te encontré.
Y te busqué de nuevo, pero era imposible encontrarte.
Me dolió mucho, no sabes cuánto sufrí.
No sabes cuánto lloré en aquellas madrugas oscuras, los auriculares en mis oídos me acribillaban, y así ahogaba mi dolor muy en el fondo, muy solo en la oscuridad, pidiendo a gritos la muerte a frialdad.
Y es que tu maldito silencio causó mi tropiezo en el orgullo. Porque también tengo dignidad, y me valoro a la altura.
Y decidí alejarme de ti. Porque mientras yo te daba todo de mí, otro sin hacer nada se robaba lo que tanto anhelaba.
Fui honesto contigo. Él te engañó y te dañó. El silencio y el vacío en mi alma alimentaban mi depresión. Sentía odio. Odio por amarte tanto. Odio por confiar en mi corazón. Odio por entregarme por completo. Odio por creer en el amor.
Pero ahora todo lo he superado.
Y ahora…vivo por ella como Andrea Bocelli por la música.
Vivo por ella, porque siempre estuvo a mi lado.
Vivo por ella, porque en mi tristeza reunía mi dolor y lo expulsaba lejos de mi alma.
Vivo por ella, porque la amo y me ama.
«Vivo por ella porque nadie más ha podido vivir dentro de mí. Vivo por ella, porque la poesía es así. Vivo por ella por su sinceridad y eterna fidelidad. Vivo por ella, y por nadie más».

AFUERA

Eres hermosa, mucho más de lo que crees, no tienes comparación en este mundo, pero tal vez fuera de él, sí. Veo galaxias en tus ojos, la aparición de algún que otro cometa cuando pienso en ti, o cuando cambias el 9.8 m/s2 de gravedad a un 1.62 m/s2 componiendo un escena imaginaria muy única, lenta a mi alrededor con tan solo escuchar tu armonizada voz. Eres tan histórica en mi vida, así como ese 21 de Julio de 1969 cuando Neil Armstrong hizo historia para la humanidad siendo el primer hombre en conquistar la Luna.
Eres tan palabra "nebulosa" en el nacimiento de mis emociones en mi caos pasional, como a una estrella en el basto universo. Eres tan "nova" asesinando mi negatividad, como a una estrella muriendo en el infinito. A ti nada se te escapa niña experimentada, como los agujeros negros. Sencillamente, eres algo difícil de describir, porque…eres tan "misterio" que es casi imposible.

BIPOLAR

Me pide de por favor que la ame sin importar su inseguridad y baja autoestima. Pero cuando intento seducirla con mis apasionantes actos de romanticismo, me rechaza una y otra vez.
Quién la comprende en su bipolaridad. Quiere, pero no quiere. Tiene miedo, puedo percibirlo en su mirada tierna e inocente. Su silencio compone la mejor comisura en mi rostro.
Lo he dado todo. He intentado todo. Jamás he dejado de presumirla en mis ilusiones y en mis decepciones. Sé que en su interior crece la seguridad y su autoestima. Pero calla. Ella lo calla. Lo calla más no sabe que yo por dentro me muero. Más no sabe que yo por dentro me derrumbo por completo. Ella lo calla. Ella lo oculta.
Y yo me decepciono de mí mismo cada día que pasa. Porque cada día que pasa, me siento ignorado. Me enamoré de ella, pero, así como llegó tengo que sacarla de mis pensamientos y de mi corazón. Mi subconsciente me traiciona y me daña, porque por más que quiera ser positivo sabe cómo apuñalarme por la espalda diciéndome lo opuesto a todo lo malo que pienso de ella.
Amar es algo especial. Amar es entre dos locos. Amar es demostrar sin miedo a fracasar. Amar es intentar. Amar es arriesgarlo todo. Amar es expresar aun y cuando en tu niñez nadie te enseñó a demostrar. Tu inseguridad se volvió mi inseguridad. Tu baja autoestima llena cada espacio de mi ser. Y es más, por eso, me voy de tu vida. Me voy, porque amar es de dos…no de uno.

FIESTA

Las fiestas llegan todos los fines de semana, pero ¿cuándo llegará la verdadera alegría? Esa alegría que elimine nuestra agonía interna: el dolor, el rencor, el odio.
La alegría llega, pero, así como llega se va, porque una fiesta puede sanar el dolor por varias horas, pero no para siempre.
El perreo se vive con la fusión de los cuerpos, y se desea, se disfruta, pero seguimos sintiéndonos solos.
Las hieleras están cargadas de cerveza, pero nuestros corazones están llenos de adulterios.
En las fiestas, mucha gente asiste, pero muy poca insiste en asistir en los peores momentos.
Las fiestas no dan respuestas a preguntas sobre la vida.
Y un trago amargo no es suficientemente fuerte para causar un olvido.
Pero engañar la mente y el corazón de esa manera, solo te causa más debilidad.
Ni llevando una vida loca podemos sanar cicatrices.
Ni la droga te hace mejor, esta solo compone tu dolor.
Aprender a vivir es demasiado difícil en estos tiempos. Porque vivir la vida en la actualidad es causarse más heridas.
Como seres humanos imperfectos, esto es comprensible porque a veces hasta yo deseo morir o ser invisible.
El mundo jamás nos sanará. El mundo nunca te sonreirá.
Recuerda, el mundo siempre te traicionará.

FIRMA

Ha amanecido. Las flores y el follaje retomaron fuerzas. Y he salido a imitarles. He salido un poco pensativo y afligido. Y he salido. He salido de mi casa, pero tú aún no has salido de mi mente. Un suspiro a las alturas, y le robo un beso a la naturaleza con la mirada, para poder pensar en cómo olvidar tu follada.
Olvidarte no puedo, has esquivado todas mis estrategias, dejaste dibujado un beso en los pasillos de mi alma la última vez que nos vimos, eres un problema psicológico en mi imaginación.
¡Joder! Haces muy bien el amor, dejaste una pista de tu labial en mi playera blanca, ese día conocí a una maestra enseñándole a su alumno como se deben hacer las historias talladas en los libros del corazón, tú encima de mí, yo debajo de ti, tú escribiendo la poesía y yo, haciéndote el favor…como las hojas de un cuaderno. No te puedo olvidar, no nos puedo olvidar enrollados en las sabanas.
¡Ah, ahora que lo recuerdo!
Se te olvido firmar el libro, me debes ese encuentro, para la firma…

AMAR

Ámala. Hazle el amor. Vívela con gozo.
Haz que maquille sus miedos en vez de su cara.
Compréndela. No es permitido consolarla solo en su tristeza, sino también en su alegría.
Admira cada curva de sus labios.
Que el escote y las tiras en su vestido te recuerden lo que no has vivido.
Quiérela. Obsérvala. No bajes el ritmo de sus sonrisas.
Cambia la rutina. Los celos en exceso mente en retroceso.
Se diferente. No hagas mucha bulla, actúa.
Prueba sus polvos «con un beso en cada mejilla».
Deja que los tacones le den un toque de elegancia. Vive por su fragancia.
Memoriza su mirada. Que su voz corra en tu interior.
Respeta su opinión. Escúchala cuando se derrumbe en depresión.
Enciende su alma con poesía.
Levanta su ánimo y sana sus heridas.
Seca el rastro de sus lágrimas. Transmítele paz, sinceridad, y tranquilidad.
Que su piel se acostumbre a tu piel.
Que su mundo regrese a su normalidad.
Que su *inseguridad* sienta miedo y empaque sus maletas para marcharse.
Cuídala. Haz que disfrute los momentos.
Enamórala y sorpréndela con nuevas locuras.
Reconstruye sus esperanzas. Dale toda tu confianza.
Se inédito para el mundo, pero no para ella.
Que se sienta viva.
Que sienta su verdadero valor con honor.
Que se sienta recuperada.
Que se sienta enamorada.
Pero sobre todo…que se sienta completamente amada.

MI ESPACIO

Bueno... aquí voy.

Esta depresión nubla mis brillantes ideas. Muy en el fondo sangro sin parar. Es como si el cielo pierde su tinte y el viento su aliento. Cansado de lo que nunca pensé agotarme. Aburrido de aquello que liberaba mis demonios. Aburrido de aquello que enamoraba mis miedos. Aburrido de aquello que promocionaba mi libertad en mis entrañas.
Esto es parte de mí, y nadie lo entenderá nunca. Nadie entenderá lo feliz que me siento componiendo. Nadie puede ver mi alma sonriendo, así como tampoco puede ver cuando mi corazón está sufriendo. Esto es muy parte de mí. Lo vivo en carne propia. El sueño de un escritor, que ahora le sabe a pavor. A veces el sentimiento pierde fuerzas. Queda a la deriva. La oscuridad se expande. El hambre ya no es de éxito, sino espiritual. El mundo te ofrece todo, pero no es suficiente. No es suficiente porque cuando la fe no es resistente, la depresión ataca indefinidamente.
Esto es parte de mí, y nadie lo entenderá nunca. Lo he amado como a nadie. Es un objetivo cumplido, pero aún estoy vacío. Siempre se dice que nada es para siempre, a excepción de él, porque él es eterno. El hambre ya no es de éxito, sino espiritual...
Y yo cumplí mis objetivos, pero sigo sintiéndome mal.

TRISTE

Qué triste fue verla en brazos de otro. Solo pensé en escapar de ese lugar. Algo dentro de mí se salió de control. Aquel sujeto la sujetaba de la mano. Se me encendió la sangre y no podía evitar verlo en mi lugar. Qué triste fue llegar a sentir algo tan fuerte sin querer. Y es que, sin querer, su buen carisma, su sonrisa, su enojo, sus antojos, su silencio, su belleza, su pureza, y sus inseguridades, lentamente se convirtieron en mis prioridades.

En aquel momento, supe que mis inventos, no valían mucho sentimiento. Tiré la toalla. Qué triste fue saber que es ajena, que ama a otro, y que nunca existirá un —nosotros—. Pero la vida sigue, y pocas veces suelo recordar el pasado. Fue hermoso bailar contigo, sentir tu calor, oler tu perfume.

Me enamoré sin querer y sin saber. Es tan fácil perder y tan difícil de ganar. Una herida tarda en sanar, es fugaz desear, y tan eterno amar. Perdí. Fue triste verte a su lado. Se murieron todas mis emociones, y esa noche encontré cada parte de ti en todas las canciones. Pero la vida sigue, con o sin dolores.

Y a lo poco que me queda, haré que mi corazón de nuevo crea, que el amor a veces cojea, pero que incluso hasta el alma más sucia y oscura blanquea. Más nunca lo creo, ser ateo, de lo que siento y lo que veo. Piérdete y alza tu vuelo en el cielo de sus ojos, deseo que te haga sentir mujer, que su instinto le brinde color a tus emociones, que seas una de sus aspiraciones, y que nunca conozcas sus traiciones.

Qué triste es desearte lo mejor sintiendo dolor, pero peor sería sentir odio y desearte lo peor.

FARSANTES

Maldito el pasado, maldita aquella parte de mí que no ha sanado. Tanta basura vestida por la belleza, por eso es que el amor ya no progresa. Ya no confió en nadie, traición tras decepción, tengo negro el corazón, un iluso que piensa en los demás, cuando los demás solo piensan en sí mismos nada más.
¿Qué puedo yo hacer? En un mundo segado por la hipocresía, donde la tecnología causa disturbios en estos días.
Mi dedo de en medio arriba, para el que se crea maleante, payasos inmaduros el más duro no es el de la calle, el más duro y maduro es el que no lleva en su mano un puro, sino aquel que busca salir adelante contra la espada y contra el muro. Mentes vacías caminando a la deriva, su moda de fantasía es como escupir para arriba. Dicen ser maleantes, solamente por escuchar a supuestos "reales" que son farsantes, buscan copiar a estos cantantes, mas no cuentan con inteligencia y astucia en ser originalmente extravagantes.
Canallas no pidan respeto, cuando ni siquiera saben cómo dominar el alfabeto. La cautela está bajo mi suela, no se comparen porque mi letra si consuela, y la tuya es más jodida que un dolor de muela. Pregúntale a tu abuela, si lo que digo no es verdad para que te duela. Dan asco hablando de placer, hablando mal de lo más lindo que se puede conocer, aun y cuando saben que vienen de una mujer. Soy un intrépido descarado, pero no veo debajo del hombro al que está a mi lado, lastimosamente no se puede confiar una segunda vez en quien ya te ha traicionado ni se puede vivir del pasado.
Soy un pequeño rayo de luz para esta generación, un mundo diferente. Es obvio que la verdad duela o te ofenda. Es muy cierto y es que esta guerra nunca será ganada, pero prefiero morir como caballero contra todos, que vivir engañado de la vida. Nunca seré títere de lo vano, y por eso es que yo gano, porque de la enfermedad de la moda yo estoy sano.

REALIDAD

Qué más falta por hacer. Qué más falta por crear. Qué dirá el mundo de mi pensar. Soy la figura más querida por mí mismo. Soy el que aconseja, el que comprende, y al que nadie entiende. Llevo conmigo todas las pasiones, un sentimiento ahogado que quiere ser real y no una sombra, una sonrisa que quiere hacer valer el corazón, una rutina para exhibir para dar más razones de vivir.

Qué más falta por sufrir. Qué más falta para no dejar morir a quienes no han comenzado a existir. Qué más falta por robar malditos políticos. Qué más falta para dejar de ser crueles y comenzar con un cambio como humanos. El tiempo busca llegar a su final, y nosotros, buscamos retroceder para intentar llegar a un inicio. Un inicio que nunca llegará tratando de regresar para cambiar: errores.

Hemos dejado de sonreír interiormente, somos unos expertos ocultando apariencias, somos unos novatos al aceptar las dolorosas consecuencias, hemos dejado que la ira someta nuestras almas.

Qué más falta para poder madurar. Qué más falta para poder quitarle el poder a la tristeza. Qué más falta para segar el egoísmo. Qué más falta para eliminar el racismo. Escriba quien escriba, nada cambiará. Todo seguirá igual y se encaminará a lo peor. No merecemos lo que tenemos. Somos títeres de todo lo malo, y lo malo, es que lo somos unos con otros.

CELESTIAL

Él se ancló en el océano de sus sentimientos. Su fugaz dolor desapareció, lo que algún día le dolió, prometió que cambiaría y lo olvidó. La hermosa libertad mental le permitió llegar más allá de lo magistral. Él no sueña en ser intelectual, él sueña en ser primavera aun sabiendo que en su interior es invernal.
La locura pasional, en la cama la domina como a un profesional. Su mirada eriza la piel, en todas sus relaciones nada ha sido como él… me refiero a lo fiel. Sus atuendos elegantes jamás valdrán más que sus entrañas. Acepta que es pobre en el exterior, pero lo peor sería tener la pobreza plasmada en la mente, alma, y corazón, donde la razón no entiende de explicación.
Él piensa que la vida sin ser vivida, es una noche afligida, sin luna llena y estrellas en un sueño suicida. Su lunar cerca de la boca marca la bienvenida a una de sus galaxias perdidas. La afinación de su alma endulza mentes amargas, es natural confiar, tan hermoso amar, tan extraordinario aconsejar, tan difícil actuar, y tan imposible inventar cosas que de verdad nos puedan ayudar.
Quisiera inventarme maravillas brutalmente hermosas fuera de lo común. Quisiera editar el negativismo en aquellos que se encuentran en el fondo de un abismo.
Quisiera curar el cáncer con una sonrisa, entregarle un poco de mi aliento a la brisa, para calmar el hambre de aquellos que nadie televisa y que ningún político supervisa.
Quisiera…cuanto quisiera que no existiera el egoísmo, hacer creer a todo científico en el teísmo, escribir un libro sobre racismo, para hacer reflexionar que la raza humana somos uno mismo.
Quisiera que la gente no muriera.
Quisiera que nada me doliera.
Quisiera que la gente dijera: No existe frontera… ni bandera.

Pero, al alcance del ser humano es imposible hacer todo esto, a excepción del ser celestial.

ESCRIBO

Escribo mis ganas de vivir.
Un mensaje que nos lleve a la paz.
Un concepto que agite la respiración de tanta emoción.
Escribo mis ganas de vivir porque sueño con libertad,
y con precisa educación.
Un mensaje que quite lo conformista.
Hoy quiero ser diferente. Hoy quiero cambiar para percibir el mundo de otra manera.
Hoy quiero cambiar para que el mundo no me trate de la misma manera que a los demás, porque el mundo no sueña en cambiar, el mundo se ilusiona con empeorar.
Escribo mis ganas de vivir, mis ganas de querer cambiar y resurgir.
Resurgir como nueva persona, con nueva perspectiva de la vida y del mundo, con seguridad mental.
Un mensaje que humille al mundo.
Y la única forma para humillar al mundo es hablar de conciencia, amor, piedad y solidaridad.
Un concepto que destruya el egoísmo.
Que destruya todo lo que perjudica al marginado.
Escribo mis ganas de vivir, porque el mundo
y su caos escriben las ganas de morir.

01/02/2002

¿Qué ganas con tu orgullo?
Somos iguales. Mejor dime, ¿Qué tienes tú que no tenga yo?
¿Carro?
¡No amigo mío eso no es nada!
¿Casa?
¡No amigo mío eso no es nada igual que ti o que mí!
¿Dinero?
¡No amigo mío eso no cabe en el agujero!

RENCOR

La traición destruyó mi alma. Purificó mi corazón de rencor. Llenó mis vacíos de dolor. El estrés me desconcierta. Siento que mi piel ya no posee el sabor a miel.
He sido poseído por la desesperación. Me pesa confiar, pues soy construido de heridas y de saber callar, y confiar para mí significa matar.
No siento nada. No me canso de odiar. No busco desahogarme, sino ahogarme en un lugar donde nadie extienda la mano para poderme salvar.
Prefiero ser un rencoroso declarado, que una persona adorada doble cara. Las amistades no van conmigo, porque soy ambiguo. No estoy en este planeta para soportar a nadie, tampoco para agradar.
Si quieres juzgarme estas en todo derecho, pero antes déjame decir que soy un padre que alimenta a sus hijos bajo un techo que lleva rencor a la vida en su pecho por lo que le han hecho, y sí, mi corazón es estrecho, pero mis hijos saben cómo sacarle provecho… porque los amo. La gente se muere por señalarte, prefieren juzgarte que ayudarte.

DESEA

Imagina como niña. Canta como princesa. Navega como pirata. Brilla como estrella. Crece como se expande el universo. Escribe como poeta. Deleita como arcoíris. Pinta «sonrisas» como artistas. Lucha como futbolista. Ayuda como a una terapeuta física. Cada día es algo nuevo como la ciencia. Piensa como sabia y lo que sabía, nunca lo dijo para no traicionar a alguien algún día.
Esplendida y reservada como la Luna.
Tierna y linda como la primavera. Extraña como a un eclipse solar. Fuerte como la naturaleza, y débil siendo alteza. Su autoestima es su dolor de cabeza, porque la destroza y el pecho le atraviesa.
Llora sin control, ahoga su dolor insondable en el alcohol.
Ella se odia. Y se odia al extremo. Tanto que desea no haber nacido, porque sueña con cupido, y al parecer cupido aun no le ha complacido.
Y ella desea. Desea que la amen y que la deseen. Pero mientras tanto debe seguir en espera, porque ella esta puesta en el destino, pero no para cualquiera.

SIN TEMORES

Soy lo que siempre quise ser.

No tengo miedo de expresar lo que pienso. Soy el dueño de mis fantasías, de mis imaginaciones, y nadie, absolutamente nadie, ni siquiera el gobierno puede ponerme leyes o cobrarme impuestos por pensar. Los buenos pensamientos deberían ser la cura para los malos sentimientos. Un buen pensamiento suele alimentar un sentimiento ajeno. El miedo ya no controla mi ser. Mi alma es pura.
Lo que pienso agradará a algunos y a otros no, pero algún día será aceptado por la sociedad. Día tras día superé el miedo, y ahora soy libre, dejé aquella prisión donde ahogaba lo que sentía, donde tomaba como estupideces mis fantasías, donde lo normal se transformaba en agonía.
No más. Ya no más. Hoy seré dueño de mi debilidad y nunca más dejaré que otro tenga ese poder. Tropezaré y no me quedaré en el suelo por vergüenza. Tropezaré acariciaré mi dolor y me levantaré. Hoy nada me detendrá. Ayer moría del susto, pero hoy vivo por la valentía. Ayer fui lo que nunca quise ser, y hoy, soy lo que siempre quise ser.
Simplemente un luchador que no se ha rendido.

Att: Jefry Starling Miranda U manzor.

NUEVA

Se festeja un año más. Hoy todos tus hijos los represento yo...mamá. Ellos te mandaron un abrazo fuerte y un beso en la faz. Mamá, estoy tratando de afinar mi voz, para hacerte saber que la soledad no está en ningún rincón de mi alma si estás conmigo. Tranquila, sigue corriendo hacia el infinito, sigue soñando como niña, sigue creciendo, sigue sonriendo, solo sigue latiendo, anda, no pares porque si lo haces...rompes en mil pedazos mi corazón.
Ahora disfruta de la vida, así como el dolor disfrutó de ti. No hace falta el polvo en tus mejillas, ni pintar tus cálidos labios, no hace falta ninguna guía o moda para verte bella, ni ningún tipo de delineador en tus perfectas pupilas, no hace falta nada porque ya lo tienes todo. Como deseo tocar el piano, o cantarte. Como deseo que seas eterna.
Eres el amor a primera vista más real, el que nunca da la espalda, el que nunca envejece por dentro, el que nunca tiene fin, el que escribe mis libros. Eres la melodía, la poesía, la inmortalidad, la creencia, la leyenda urbana del universo, la inspiración en una expresión, la composición, la magia, la motivación. Cómo puedo darte mi juventud para que tengas una segunda oportunidad. Cómo puedo construir lo que mi padre destruyó. Cómo puedo hacerte olvidar si ni siquiera yo lo he podido hacerlo.
¿Cómo mamá? ¿Cómo?
Tal vez la vida no ha sido justa contigo, una amiga apuñalándote la espalda, un esposo llevándote al mismísimo infierno en vez de darte felicidad llevándote a la cima del cielo como Montaner, unos hijos mal educados, burlas por las calles, envidia, pero...mamá, ahora el destino te está dando una oportunidad, una nueva vida, tu vida. Extiende tus alas y vuela lo más alto que puedas, no tengas miedo a caer, solo déjate llevar. Adelante, véngate de tu pasado, dándole una sonrisa al presente.

CITA

Me encanta el cielo, y el panorama de las flores cuando se estremecen por la corriente del aire. Me encanta la tonalidad gris y las lágrimas del cielo, así como también su sonrisa en cada mañana al salir el Sol.

Me encanta, lo adoro, lo disfruto todos los días, el pasear de las nubes por encima de mí como el mismísimo tiempo, el manejo cordial de la noche para entregarme un espectáculo luminoso por las estrellas como un tomorrowland.

Me encanta, pero me encanta mucho más un espectáculo extraño que monta el cielo, uno llamado eclipse el que nos demuestra que no existe el amor imposible, el día de la cita más admirada por los humanos, ese que se da entre la Luna y el Sol.

RENOVACIÓN

El Nuevo Mundo.

Hoy se levantó de nuevo el Sol. El pasto fortaleció. El enfermo fue sanado después de tanto sufrimiento. Un político donó todo su dinero a los más necesitados. Un cristiano predicó a un pandillero, y el poder divino removió todas las cargas de su corazón cambiándole la vida por completo. Un chico perdonó a sus padres luego de que fuese abandonado en un basurero.
Hoy el viento se sintió libre después de tanta contaminación. El científico encontró todas sus respuestas en la biblia. El envidioso sonrió y comenzó a dar apoyo.
Un marginado fue tratado igual que a cualquiera, ya nunca más será visto debajo del hombro. Un ateo creyó por primera vez. El ciego pudo ver. El sordo pudo escuchar. El inválido pudo caminar. El muerto se pudo levantar. La naturaleza regreso a su brillo. Una mujer sumida en la depresión sanó sus heridas. Un niño que sufría de bullying ahora lloraba de alegría.
No más muerte. No más dolor. No más egoísmo. No más terror. No más timidez. No más inseguridad. No más envidia. No más odio. No más rencor. No más orgullo. No más, somos seres humanos y como humanos deberíamos darnos la mano. No más crueldad. No más mentira. No más abusos. No más delincuencia.
— ¡No más!
Que el mundo será unido. Que no habrá más disturbios. Que dejará de existir la enfermedad. Que ya no mate la soledad. Que la guerra por colores e ideales se detenga. Que la paz se mantenga. Que la libertad sea eterna. Que las armas se conviertan en pan. Que la tierra florezca de nuevo. Que el mar pueda ver su reflejo rejuvenecido en el cielo. Que las aves canten sin parar. Que las estrellas en la pista celestial no paren de bailar. Que la noche nos inspire. Que el día nos motive. Que la lluvia nos enamore. Que la sonrisa se nos mejore.
Que el amor nos lleve más allá de los límites. Que todo lo malo se extinga y que todo lo bueno se modernice, así como la tecnología. Que las almas muestren su espectro. Que algún día pasemos de ser imperfectos a perfectos.

Que la vida se mejore, y que ya no existan más los dolores.

Algún día seremos perfectos porque DIOS así lo querrá. Nada malo existirá. Seremos buenos, bondadosos, humildes de corazón, sin orgullo alguno. Seremos magníficos. Lo seremos…si lo seremos, gracias a DIOS.

EMOCIÓN

Hoy hablaré de ti. De ti chica hermosa capaz de alterar todo tipo de emociones. Hoy hablaré de ti…claro que lo haré. Aquí estoy hoy escribiéndote. Dejando fluir todo tipo de sentimientos sin miedo alguno, arriesgando algo tan valioso como lo es el tiempo. Niña nerviosa, al sonreír haces que en mi interior sienta mariposas, eres hermosa. Hoy te escribo a ti. Únicamente a ti. Aquí estoy abriéndote mi corazón, y haciéndote en mi poesía la letra de mi composición. Me sonríe el alma con tan solo abrazarte, quiero leerte como a un libro sin importar tu *pasado*, como quien ignora una mala portada.

Eres una melodía, como la luz del día por la mañana. Eres un infinito. Un cielo con luna y estrellas. Un mito recóndito. Eres tan agradable como el agua caliente de la ducha. Eres tan admirable como a un eclipse. Sí. Hoy hablaré de ti chica. De ti y de tus bellos destellos interiores. De ti y de tus inseguridades. De ti y de tus miedos. De ti y de tus heridas. Hoy les hablaré a todos de ti. De tu sonrisa purificadora «de actitud». De tus inigualables pupilas. De tu silencio fugaz recorriendo cada rincón de mi universo entrañable.

Niña. Hoy hablaré de ti. De ti y de tus demoniacas mímicas al enfadarte por nada. De ti y de tus normales cambios de humor. De ti y de tus manías de mala intención. Niña que hermosa eres, así sin más ni menos. Así de tentativa. Así de bipolar. Así de perversa. Niña eres una especialista en el dogmático control de la mirada. Niña eres una abogada que vela por mis derechos y necesidades. Niña eres simplemente tú. Por eso me atreví a hablar de ti. Porque tú, simplemente eres tú. Hoy hablaré de ti. Solamente de ti. De la niña con nervios, y hoyuelos flameantes. Hoy hablaré de ti, y de nadie más.

FACÍL

Cuentan que sus verdaderos padres lo abandonaron en un orfanatorio a los 3 años. Ahora tiene 17 años. Se ha hecho esclavo de la lectura, y enemigo de la tecnología. Amante del universo, y ateo de los limites. No lleva ningún tatuaje en su piel, esta distanciado de las drogas, adora las músicas de *románticas,* duda de un ser superior, su abuela le ha criado, su padre murió cuando él solo tenía 1 año; alcoholizado.

Es oscuro por dentro, no es de amistades ni cariños, es un delincuente decente, no quiere salir de su asqueroso mundo, porque afuera la humanidad es peor que él. Con un razonamiento único, con un odio maldito y mortífero a la letra morbosa, con un orgullo inigualable, con una rutina sin descanso, con egoísmo recorriendo a través de sus venas, con un corazón asesino destruyendo el amor.

Sus esperanzas se marcharon. Se adaptó perfectamente bien a sus dolores. No siente compasión. Es amante fiel del dinero, y adorador de la fama. Nunca le preguntó a su abuela por qué su madre lo abandonó, jamás se quejó. Ha superado todo con facilidad. Y ahora se encuentra en la cima del mundo por su talento, pero también a los pies del sufrimiento. Solo él sabe lo que siente, es reservado, sufre por dentro, mientras la gente lo adora viéndolo contento. Ellos creen que él es feliz, cuando en verdad en sus entrañas se desintegra, su alma dejó de ser blanca y pasó a ser negra. No siempre seremos buenos en un mundo tan malo, y ese es nuestro error, imitarlo.

DETALLADA

Alisa su cabello con una sonrisa, mueve lentamente el labial rojo en sus labios frente al espejo, lleva unos aretes que adornan su finura, compone polvos en sus pómulos, retoca sus pestañas con el rímel y aplica el delineador en los bordes de sus ojos para que su mirada transmita más pasión de la que posee.

Busca en su armario ese vestido atractivo que figura muy bien sus cráteres y sus órbitas, aquellos tacones le conceden unos centímetros de elevación, rosea su cuerpo de perfume, se adueña del tiempo con un reloj radiante en su mano izquierda, adorna su perfección desnudado su boca, tiene el corazón hecho pedazos, un mar de dudas en sus entrañas, pero la esperanza ha tocado la puerta, la del alma, ella intentó negarle el paso, pero es una puerta que no tiene paredes.

Ella tiene esperanza, confía en que alguien le dará seguridad y felicidad. Ella aún cree en el amor, a pesar de esos 23 años de esclavitud, llenos de dolor, de alcohol, de infidelidad..., en fin, ella cree en el amor, porque de amor nadie se muere, se vive.

PD: Traté de dar los mayores detalles que veo en alguien muy especial.

PD de la PD: Perdón.

PASADO

Una simple memoria.

En aquel barrio creció él. Él niño de una calzoneta rota, de la camisa manchada y de unos calzados reparados. Juega al futbol y a las canicas. Su lenguaje se expandió para mal dejando de ser culto, y siendo por completo incorrecto. La calle lo apuñaló, al igual que lo hicieron sus falsos amigos.
Memorizó todo aquello que no se le dio en su hogar, y ahora lucha por si solo para poderse transformar…, en otra persona. Vive en un barrio no tan bien. Vivió en una humilde casa…su recuerdo ahora. Y ahora…su recuerdo del futuro vive en otro lugar. En un lugar donde hay más oportunidades de poderse superar.
Aquel niño sonríe, no deja por descartado todo aquello que le transmite fe o esperanza, aún y cuando la abalanza, le ha hecho perder consigo mismo la confianza. Aquel niño estudia disgustado, pero sabe que las oportunidades no todas las veces pueden estar de su lado, lleva la misma ropa y la misma actitud, un sueño en su bolcillo lleno de ilusiones, una mirada paciente, una paz soberana y libre para los lectores de personas; a el que nunca se rinde el sueño nunca lo abandona.
Aquel niño no discute él prefiere quedarse callado, porque en su barrio marginado, una palabra les quitó la vida a sus amigos del pasado. Creó una resistencia irrompible mental e intelectual, dijo que ninguna droga lo iba hacer ver mal. El niño de las lágrimas oscuras ahora brilla por si solo, tiene ansias de gloria, y solo quiere cambiar los universos relativos de su alrededor.
Solo quiere ver un mundo libre. Un mundo sin problemas. Y aquel niño, soy yo, pero también en ocasiones, eres tú.

OCASO

Ha despertado aquella mujer. Desea no levantarse de la cama. Se siente adolorida, busca algún recuerdo bueno en su diario, pero no hay ninguno. Una lágrima brota en su mejilla, porque su esposo salió del país hace muchos días. Rumbo a Estados Unidos; de mojado. Aquella madre siente pánico, pero no tiene tiempo para achicarse. Tiene 3 hijos que alimentar.
Comienza a hacer tortillas de maíz con aquel trozo de bolsa plástica y dándole forma con sus manos. Ella nunca olvida los frijoles, ni los huevos. No tiene una estufa de gas, ni mucho menos una maquina especial para hacer tortillas. Sus manos lo son todo. Sus manos le dan de comer a 4 bocas que ama.
Su casa es de caña seca, cualquier tormenta puede ingresar a su interior sin pedir permiso. Aquella hornilla de tierra es su mejor amiga, al igual que lo fue con su madre. No tiene grandes lujos, ni los pide. Todos los días sale a trabajar con su esposo en mente, se pregunta ¿Dónde estará ahora? ¿Se encuentra bien? ¿Llegará al Norte? Aquella mujer lleva consigo una rutina, pero tiene una en especial. Carga una silla, y la lleva hasta el patio. Se coloca hacia la mejor vista entre los agujeros de los árboles para ver el cielo, y habla con Dios pidiéndole fuerzas para aguantar.
Sus hijos ya le piden cosas materiales de altos precios, y la madre se preocupa. Su sueldo solo alcanza para llevar el día a día. En la escuela de sus muchachos, le exigen libros…pero si antes se los regalaban—dice ella— y ahora, ¿hay que pagar por ellos? Aquella mujer está sola. Fue abandonada por su esposo, por obligación económica. Nadie puede consolarla, su dolor ha nacido al saber que sus hijos tal vez tendrán la misma vida que ella. Sus emociones no encuentran sentido alguno. Se siente indignada, golpeada. Esta abastecida de desventajas, su impotencia esta refugiada en su interior, hace todo lo que puede con vigor.
Su lema se deriva de dos colores, azul y blanco. El azul significa inspiración y el blanco paz. Le sonríe a la vida aún y cuando vive arrodillada ante ella. Pero no se rinde, hay por quien luchar y vivir, no sabe poner "peros" ni excusas.
Tengo malas noticias dice el hermano de su esposo, algo por dentro de mí ha decaído, porque tu esposo en su camino…ha fallecido

ODIO

Reflexiono tantas cosas por completar, tantas manías escondidas detrás de mi sonrisa, como cuando la piel se eriza, así de bipolar, así de loco, tan valiente a solas escribiendo y tan cobarde con las palabras cuando me toca defenderme. Me he callado ante injusticias, los vínculos con mis esperanzas se han caído, he llorado a solas con la luz «del alma» apagada. Trato de olvidar, pero el olvido es quien se *olvida* de mí.

He pedido perdón, soy un mal ejemplo para mis hermanos, la sombra de la familia, el aburrido, el que decepciona, el que se deja, y al que nadie le creé. No me siento bien. El tiempo frena, las personas me marcan, musitan alrededor mío, no les concierne el hundimiento que hacen en mis entrañas. Todos son santos cuando hablan de mí. Un loco dando confianza, apuñalado por las personas falsas. Ese soy yo.

Ya nada es igual, todo se ha perdido. No queda nada de mi radiante sabiduría. No distingo colores, edades o razones. He perdido la batalla, y pienso en abandonar la guerra. Soy un chico lleno de odio con la vida. Maldito bullying, malditos todos. Mi vida es una porquería, una mierda.

La madre también es un astro cuando un padre falta.

BREVE

Aún tengo aquel recuerdo que me regalaste, lo he recordado y le he besado de nuevo. Fue ese beso, el que surgió en aquellas bancas del Meyer Park, en otoño como testigo de aquel destino, mientras el Sol nos iluminaba como piezas maestras del tiempo a nuestras espaldas, vestías de rojo en representación de la pasión con unos tacones que te regalaban unos centímetros de altura para llegar justo a mis labios y unos aretes que adornaban tu belleza.

Al infinito con tu forma de verme, al -1 las palabras, al cielo con tu beso cariñoso, y, al universo con nuestra forma de actuar. Lo he recordado, pero mi madre dice que solo por un momento, porque, tengo Alzheimer.

CÁNCER

Hoy me detuve frente al espejo, una lágrima rodó por mi mejilla, aquella melodía no era de alegría, de espalda en el espejo y en mis posaderas abundaban las estrías.
Mi rostro imperfecto opacado por la tristeza, mis ubres se han perdido por causa del cáncer de madre, mis manos ya no pueden, mi cuerpo ya no tiene fuerzas, mis curvas pierden su grado, mi cabello se cae como mis esperanzas de vivir, mis ganas de morir son más grandes que la eternidad, abandoné mis sueños así como lo hizo mi novio al enterarse de mi enfermedad, mi espíritu está cansado, he luchado como nunca, perderé como siempre, pero, sé que DIOS me ama, lo siento aquí, él está a mi lado.
Ya no puedo más...lo he dado todo.
Estoy cerca de morir, ya lo puedo sentir. Y me moriré tranquila, porque este *chico* ha escrito mi historia momentánea.
Att: Una chica de 22 años con cáncer...

PERSPECTIVA

Ha creado su mundo de fantasías, ama el canto de las aves, y odia los días nublados. Ha recordado su fábula y el peor accidente al enamorarse, odia la juventud de color rosa, y ama fingir que es fuerte en sentido sentimental.

Tiene unas curvas no tan bien, pero bien, su actitud le gana la batalla a cualquier mal comentario. El espacio tridimensional que hay en sus pómulos devora la atención de los lectores de personas, es una prosa, un universo, rimado como cualquier verso.

Odia los cuentos de ternura y la poesía, ama su manera de vivir, y sabe que en su corazón el amor nunca deja de existir. Ama pensar en nunca volver a amar, y odia fingir en nunca volver a mentir.

YO

Yo, de poeta, si pudiera,
Diseñaría una receta para darle un mejor sabor a las modernas letras.

ZARPÓ

Una semana de vida dijo el médico. Aquel chico en la camilla sonreía siempre, aun y cuando su esposa de años lo abandonó cuando le emputaron una pierna. Dos (2 AM) de la madrugada, la dolorosa noticia a través de aquella llamada que apago almas y que encendió recuerdos. Un ser humano ejemplar, con una fe imposible de creer para los demás, pero posible para él. La depresión ni siquiera tuvo una oportunidad contra él, no se dejó seducir por la muerte nunca, y se enamoró de la vida. Los ojos le brillaban mientras sus días se acababan, su corazón palpitaba, su único hijo le ayudaba. Nunca se quejó de las injusticias del día a día, encontró el amor cuando empezaba la peor época de su dolor, intentaba ocultar su agonía interior con sus carcajadas, cuando en verdad, decía todo lo contrario con su mirada. Y se fue el ejemplo de vida, dejando leyes en nuestras conciencias, dibujando una perspectiva a la adaptación al fracaso, haciendo ver que en las mayores oscuridades puede iluminar una candela. Qué triste es saber que el tiempo no quiso darle más tiempo, que el destino ya tenía fecha y hora, que el pasado no podía retomar su presente para regresar a la normalidad, que tal vez su alma se congelo, pero que su corazón sin preámbulos navegó.
Qué triste es saber que la vida es dura con nosotros, y que nosotros somos sentimentales con ella. Qué triste es ahogarse en el mismo silencio que los demás, cuando se despide a alguien. Qué triste darse cuenta de que la muerte no percibe edades, ni corazones. Nada es para siempre, pero casi siempre el final llega cuando ni siquiera se ha comenzado. Fue un ejemplo, un guerrero de la vida como muchas otras personas, una cadena irrompible que se ha atado a nuestro pretérito, una lección de cómo se entrega el corazón hasta el final, una enseñanza de cómo creer, de florecer la fe en las profundidades de nuestras almas, de luchar hasta que el infinito…tenga miedo a llegar a su final. Sus últimos suspiros, su último latido, quería vivir para ver crecer a su hijo y rehacer su vida con la mujer que nunca abandonó el barco con él abordo. Luchaba, intentaba respirar, lo dio todo a pesar de su desventaja, intentaba seguir caminando hacia su familia. Luego de unos minutos, cayó arrodillado frente a la muerte, bajando la cabeza, pidiendo perdón a los presentes, rociando algunas lágrimas por sus mejillas. Dejó de respirar, se desplomó. Perdió. Cerró lentamente los ojos…y así, es como Levis Serrano de despidió.

NEPTUNO

Sus ojos son azul profundo, sonríe por todo, se enfada de nada, llora por el tiempo, y le ruega al vacío «de su corazón» que no le dañe más. Tiene una masa planificada capaz de atraer cualquier chica, pero la densidad en su corazón es muy fuerte para que alguien se mantenga en habitad en sus latidos. Es tímido. De pocas palabras recitadas, y de muchas escritas. Le apasiona pensar que seguirá frío hasta fecha indefinida, tal vez sea porque nunca ha estado con una mujer para abrazarlo, y por qué no calentarlo. Su insoportable manera de ser, oculta lo que una mujer en su interior desea ver.

Nunca ha adquirido conocimiento, y a lo mejor no cree en un ser superior, pero si cree en el universo, porque su mundo universal lo mantiene lejos y entretenido. Ha pasado toda una vida buscando el significado de *la vida*, y ahora que la *vida* le ha dado la respuesta, poco le *cree*. Es solo un joven atrapado en una simulación de sus placeres y perdiciones en el mundo, lejos de DIOS, sin sentido de creencia, a los quince perdió su inocencia, y se pierde cada día más, aun y teniendo el mapa entre sus manos. Se sigue perdiendo, y lo hace a lo sempiterno.

De: un conocido…

Para: otro conocido.

¡Hola! No sé de dónde eres, pero sé quién eres…
Eres todo aquello de lo poco que he has leído aquí ¿verdad?
Lo sabía. Nunca te he visto, pero he descrito muy bien tu historia en algún rincón de este manual. Solo quería decirte que, sea cual sea tu situación, todo pasará muy pronto. Ya sea en—amor— o —dolor. Quiero que sepas también que, cada historia que sabe a metáfora es una realidad escondida detrás de ella.
Te he escrito, ¿verdad? —perdóname si he contado tu historia tan detalladamente en las pasadas hojas, y si no es así, espero escribirla en las próximas páginas. Ya te conozco, y te agradezco por atreverte a leerte. Eres muy valiente. Fuerte.
Ya te conozco, tienes una sonrisa en el alma justo ahora, o en el rostro. Entiendo que quieras dejar de creer en el amor eso hasta yo lo deseo, pero no se puede, porque de él se vive. Pero…sigue. No te detengas. Hay personas distintas, aun habitan, no se han extinguido. Ya te conozco, sin nunca antes haberte visto.

REMORDIMIENTO

Dime cuantas veces te dije que te amaba y nunca lo escuchabas, atrévete a reclamar ahora que estas marchitada, algún día para mí lo fuiste todo, pero ahora ya eres casi nada. No aparezcas arrepentida, porque fuiste tú quien perdió este juego y yo comencé una nueva partida, concibo que estés afligida, yo viví eso y fingía que no me dolía.
Grita lo que quieras, date el tiempo que desees, lloriquea todo un mar de ruegos, y córtate las venas yo un día estuve en tus zapatos y en la misma condena…jamás te importó mi sufrimiento, pero estoy orgulloso porque ya se acabó mi súplica y todo este tormento.
Dime que aún no te he superado, en realidad vivo el presente sin archivos del pasado, sonrió con mis amigos que tengo al lado no me arrepiento de las cartas que te enviaba en esos tiempos dorados.
Puedes escuchar cientos de veces la canción que te dediqué, pero eso no cambiará la forma en la que mi corazón ahora te ve, lucho sin caer en las trampas astutas del amor, lejos de esas ilusiones que proporcionan dolor. Dime que no te demostré lo explicable, fui confiable, pero tú no me observaste ni si quiera como amigable, te prometí muchas cosas y fui responsable, perdóname, pero mis palpitaciones se encuentran estables.
Te regalé felicidad, pero tú nunca me hiciste sentirla, me cansé y comencé a escribirla, la que un día fue tu felicidad decidí transmitirla, las personas leen mis poemas, sonríen y su felicidad retorno a reconstruirla. Todo se acabó, todo se apagó, la estrella colapsó, y en un agujero negro mí corazón se transformó…todo en mi vida ha sido complicado, pero mejor dime, que se siente quererme y no estar a tú lado.

ENTORNOS

Y cuando ya no te creas nadie en el mundo, solo hasta entonces dejarás de fingir tu personalidad.
Y cuando las excusas se encuentren en peligro de extinción, los hechos harán tu adornación. Y cuando la Luna deje de brillar, la melodía melancólica se opacará en el mundo como cuando te decepciona una persona. Y cuando el Sol nazca por las noches, lo imposible dejará de ser imposible.
Y cuando la respiración sea en el agua, dejaremos en paz los mares, y nos enteraremos del daño que nos hemos ocasionado.
Y cuando el dinero se te acabe, veras que también la vida y que el tiempo se acaba.
Y cuando una exnovia te escriba, ama la manera en que nunca más volverá a ser amada como tú la amaste.
Y cuando te enamores, que sea del universo. Así sin más y sin menos, en intermedio como el cero en la gráfica de la matemática, así debes ser; nunca proporciones de más a quien merece menos, y nunca suministres de menos a quien merece más.

DESAHOGO

Aprendí que no todos querrán verte triunfar. Que poca gente te suele acompañar cuando no tienes nada. No todos pensarán igual que ti, porque tu hambre de éxito va más allá del conformismo.
Ellos jamás entenderán que mi sueño sabe a necesidad, que el fracasar me sabe a dejar de respirar.
Aprendí que tu propia familia se incomoda con tu trabajo en silencio. Ellos creen que tu sueño no es de importancia, que debo fracasar igual que ellos por los suyos. Para ellos nunca haré nada, pero que importa lo que digan, en fin, quiero ver sus caras cuando esté en la cima del éxito.
Yo nunca me dejo vencer. Mil tropiezos. Ahogado en la depresión en alguna ocasión. Estar sin moral es como que te claven un puñal.
Pero no importa, yo nunca me detengo. Que hablen lo quieran, en cambio yo sigo hambriento por el éxito como a una fiera. No tengo miedo de expresar todo lo que siento o pienso. Y si tuviera miedo a algo, fuera: dejar de escribir cuando se agote mi sentir.
Nada es para siempre, y algún día tendremos que resignarnos…

TÚ

Perdona si ya no te escribo persistente como antes, pero me hago responsable de mi olvido por ti. Eres genial, eres de lo mejor. Hoy te he escrito, y lo hemos recordado una vez más, hemos analizado uno de los mejores recuerdos que vivirá por mucho tiempo en mi conciencia y en la tuya. Eres magnífica, especial y cariñosa. Esas conversaciones son las perfecciones de lo imperfecto, de la poesía, del centro estelar cuando el viento te entregaba un cariño azotando contra tu cara, quitando el cabello de tu rostro y enseñándome que lo sublime se deduce sin palabras.

Te aprendí, pero aún no termino de conocerte. Te examiné, pero descubrí que no tienes fin. Te investigué, pero aún permaneces siendo un misterio, algo extraño. Veo tu foto, sonrió en la tormenta, me emociona recibir tu mensaje, eres inexplicable, pero agradable. Un enigma lúcido, un sentido del humor extravagante, era casi imposible no poder mejorar mi mesura cuando teníamos esas pequeñas citas. No me recuerdes, porque lo recuerdo; tengo una deuda contigo, esa cita que planeamos hace 5 meses, ese último momento, ese alambrado que nos dividía. Tu voz exhibiendo todo lo que eres por dentro, mi atención entretenida por tu mirada, por tu sonrisa.

Describirte es lo más difícil, escucharte es lo más impresionante, dialogar contigo es lo más aventurado, fuiste el invierno en mi infierno. Eres importante, imborrable en mi corazón, perpetúa en mi alma. Perdón por todas esas veces que no pude darte una explicación del daño que te causaron, pero, aunque no lo creas sentía tu dolor. Luché para darte la mejor versión de mi "yo" interior, te merecías más de mi tiempo, pero el destino esquivó mis planes, me alejó demasiado. Me dueles, de verdad que sí. Es injusto lo que sucedió, ni siquiera tuve la oportunidad de despedirme, de abrazarte por última vez, y de besarte la mejilla por primera y última vez. Te amo, y te extraño más de lo que te imaginas. Nunca te olvidaré, tenlo por seguro…

EU.

AMOR

No quiero amarte hasta los 70 como Ed Sheeran. Quiero reforzar tus vacíos para llenar los míos. Déjame afinar tus labios. Princesa, eres un problema bellamente grandioso. Sostén mi mano y desempaca tus miedos. Juro entregarte hasta el último latido de este amor. Olvídate del mundo. Abandona tu doloroso pasado con cortesía.
Linda, no busques más en el destino. Este chico divino te ofrece lo más fino, su alma como quien sirve una copa de vino. Un beso en el silencio. Mi aliento en tu suspenso. Hermosa, tu presencia es poderosa. Cualquiera te puede hablar, pero no cualquiera te puede actuar.
Aquí no finjas sonrisas. No ocultes tu dolor. Quiero dar a tus días grises el color. No puedo resistirme a tu mirada, es como ganarlo todo después de no tener nada.
Nina quiero bailar contigo en tus 15. Bailar al ritmo de tu susurro. Robarte todas las miradas tiernas, a cambio de otras únicas, no como las modernas.
Eres todo lo que quiero. Eres el consuelo de aquellos sentimientos que otras dejaron por los suelos. He existido por existir, no suelo mentir, pero cuando te miré venir, comencé a vivir. No quiero seguir viviendo en la soledad, bebé juro que encontrarte no fue casualidad.
No soy como otros que el primer día se excita, mejor dame una oportunidad y acéptame una cita. Te dejaré loca con tanto amor. Haré de tu existencia algo descomunal. Haré de tu existencia felicidad en lo pasional.

SATURNO

El quinto planeta del sistema solar esconde astutamente su mano en la cintura de Saturno, sus faz están unidas, pueden sentir el respirar, aquel chico es el más alto y atlético de la fiesta, baila con la chica de su eternidad, ancla su mirada en esos cafés de sus ojos, aquella doncella es atractiva, su vestido marca su cuerpo curvado. Sonríe como si estuviese bailando con la viva felicidad mientras suena *La cima del cielo* de «Ricardo Montaner». Se aman. Ellos se aman. Y ambos lo guardan en sus secretos.
La vida les debe un beso por la injusticia. Él y ella se entienden como siempre, entrelazan sus manos perdiendo la mirada en los labios, quieren alcanzar la gloria dando un paso al frente.
— ¿Quieres salir conmi…? —pierde la pregunta al sentir algo extraño en su anular.
— ¿Qué ibas a decir?— pregunta Saturno con la mirada de amor más pasiva del universo. Júpiter de reojo ve el anillo de compromiso en el dedo de Saturno.
— Nada —contesta él— agachando la mira y sintiendo su derrota en su pecho. Júpiter se desorienta completamente, sale como un loco de la fiesta, ha rebasado el límite de la carretera, guardó su amor y lo dejó en espera, y otro se le adelantó haciendo que él por dentro muera.
Su vehículo ha salido de orbita, no pudo controlar el timón en la vuelta maldita, y ahora, su corazón ya no palpita. Saturno se ahoga en su desolación, porque no pudo darle una explicación. Y es que aquel anillo en su dedo, no era de compromiso, ella en su secreto también a él lo quiso. Lo amó, él se mató, y unas semanas después Saturno se suicidó.

PODEMOS

Hace aproximadamente 15 millones de años el universo se encontraba en una singularidad infinita de tiempo, sin vida alguna interiormente, viendo como el tiempo pasaba, como transcurría, como se disipaba. Tirado ahogado en agonía de melancolía, todo devastado y dolido, alguien extendió su mano para darle una oportunidad a aquel chico. En medio de la tormenta pudo sentir calma finalmente, aquel señor vestido de blanco abrió una puerta que el chico pudo aprovechar.

Pasaba el tiempo rápidamente, el universo cada año se sentía más cómodo en su trabajo, explotó su talento, con garra y dedicación se aventuró sin miedo a lo infinito, pudo expandirse y dejar artes tan apreciados como planetas, galaxias, estrellas, asteroides, y agujeros negros. A pesar de ser admirable; el universo sigue siendo misterioso y único, silencioso y tranquilo.

Trabaja en silencio, demostró que de la nada se puede ser todo, una teoría unificada, indescriptible, hermosa. 15 millones de años han pasado desde su gran éxito gracias a aquel señor, su oficio sigue creciendo infinitamente, no tiene límites. Y ahora el universo agradece grandemente a quien lo ayudó a surgir de la nada. Y si el universo algún día pudo ser nada y ahora lo es todo, nosotros podemos también.

MADURAR

Madurar en sentido sentimental es saber que no solo en fechas importantes se puede ser romántico o regalar un pequeño detalle. Madurar es saber que el corazón es lo más substancial en el amor. Madurar en el amor, es darte cuenta de que la música actual no vale, y que la música antigua es mágica para detallar y enamorar a una chica o chico. Madurar en el amor es indagar mirando el corazón, e ignorar la carne.
Cuando se habla de amor, es obligatorio creer en la imaginación, porque a veces una ilusión te entrega las ganas de vivir que las de morir. Madurar en el amor es buscar la ecuación auténtica para luchar en la calamidad y resolver el problema.
Amar en el amor, es actuar las palabras, respetar, enamorar, dedicar tiempo, sacrificarse por superarse: juntos. Madurar en el amor significa poner en primer lugar a tu señora madre. Madurar en el amor es razonar que, si tu pareja se aburre de ti y te abandona, debes desearle lo mejor, porque de desamor nadie se muere; se fortalece. Madurar en el amor es darte otra oportunidad para ser feliz. El amor, a veces duele, pero cuando anda de buenas te regala momentos inolvidables, momentos maravillosos, increíbles.

AGUERRIDA

Quiero recuperar a la chica que he perdido en mí, la chica que era segura de sí misma, quiero aislarme de mi baja autoestima, quiero desahogarme así como lo hace el mundo conmigo en forma de burla. Ya no soporto, me quiero aferrar a mí misma para salir de este precipicio, quiero ser libre, quiero volver a ser la chica de las mil sonrisas y de -1 de enojada.
De verdad, quiero recuperar mi vida, pero será difícil recuperarla en este mundo porque no hay nadie que me apoye, y contra mí, solo está la autoestima, y también está sola. Así que, por primera vez intentaré pelear contra ella.
Tengo todas las de ganar... Uno contra uno, espero que nadie se meta.

DOBLAJE

Y lo que nadie sabe es que la soledad me devasta, que el paso del tiempo me duele, que todas las criticas me hunden en las embravecidas aguas del pesimismo, que las canciones tocan mi alma, que la forma de expresarme no son las palabras, que el miedo es más grande que mi valentía, que mi personalidad es una porquería *por dentro*, que mi fuerza no es la misma al igual de cuando aconsejo, que mi sonreír no es de todos los días, que mi pensamiento a veces es peor de lo que escribo, o que a veces el dinero me hace pensar más en él que en el amor.
Y de lo que todos no suelen darse cuenta, es que soy un fiel orgulloso, que todos mis sueños pasan de desapercibidos cuando las pesadillas predominan en mis entrañas, que no me gusta recibir ayuda y que me muero por darla. Que mi verdadera pasión la encuentro en mi familia, que mis verdaderos sueños no existen, que mi pasatiempo favorito es perder el tiempo, que soy un egocéntrico, que no admira el talento de los demás, que se encierra en su mundo de oscuridad, que en el fondo no cree en amistades.
Y como dice esa icónica canción: así nací y así me moriré, y esa es la verdad, porque nadie puede cambiarme, porque estrictamente soy quien soy de malo en mi interior, ¿por qué todos creen que soy lo máximo? cuando realmente no miran más allá de mi apariencia, ya que; soy menos de lo que ellos me califican. Simplemente…soy de lo peor.

ENCARIÑADO

Hoy la he visto, y me ha dejado desprogramado. Le he pensado todo un día completo, y tal vez le siga pensando aún más. Tengo su mirada anclada en mi alma, y su sonrisa grabada en mi memoria. Sus pómulos atrapaban mi tiempo, sus pupilas me erizaban la piel. Me gustó. Esa chica me gustó. Nunca había vivido algo tan extraño y bonito a la vez.
La he buscado contactar, la quiero volver a mirar. Me cautivaba sin decir una sola palabra, me llenó de una fe que se había escapado de mi interior llevándose todo, me hizo sentir sensaciones inauditas, me dejó embelesado, hizo de su momento una eternidad en mí… la he buscado, y la he encontrado, han pasado 2 horas desde que le envié la solicitud y se han sentido como 2 años. Tengo que buscar la forma de robar su atención, así como lo hizo ella conmigo.

MUERTE-VIDA

La muerte se hallaba en la oscuridad, estaba reposando en una silla sosteniendo una candela y editando su libro de la muerte, cuando de repente, escuchó que tocaban la puerta levemente. La muerte trataba de explicarse quién era aquel entrometido valiente que se atrevía a visitarlo en su tenebrosidad. Ansioso por averiguar, caminó hacia la puerta, su mano se encontraba en el llavín, pero él más que nadie sabía que no podía perder el tiempo en otros asuntos que en escribir. Así que, regresó y continuó escribiendo en su libro.
Mientras escribía de nuevo, tocaron la puerta más fuerte, y esta vez la muerte iba decidido a despejar su duda, cerró su cuaderno de lista negra; en donde anotaba a todo aquel que le arrebataba la vida, sujetó la candela para iluminar el camino que lo llevaba a la puerta y así poder observar quién estaba detrás de ella.
Abrió la puerta lo más lentamente posible, y observó a un hombre.
— ¿Quién eres tú? — preguntó la muerte.
— Soy la vida — dijo aquel hombre apuesto.
— ¿Qué haces aquí? — interrogó la muerte…
— Quiero hablar contigo.
— Está bien, pero hazlo lo más pronto posible porque tengo muchas cosas que hacer — dijo la muerte.
— ¿Por qué no vives la vida? — preguntó la vida.
— Porque todo lo que tiene vida simplemente me tiene miedo — respondió la muerte.
— ¿Tú crees que yo tengo miedo de vivirte muerte? — preguntó la vida a la muerte.
— Si — respondió la muerte dándole la espalda. Mira, si estás aquí para convencerme de vivir, mejor vete. No quiero vivir porque yo asesino la vida.
— Solo quiero ayudarte Muerte a tener vida — suplicó la vida por la muerte.
— No, no entiendes que no puedo. Si yo vivo; todo lo que tiene vida morirá rápidamente porque yo soy la muerte para mi mala suerte. Y por más que yo quiera vivir mi vida, no puedo. — respondió la muerte.
— ¡Vive! — Por favor hazlo, para que salgas de esta oscuridad en la que estas sometido —, susurro la vida por la muerte.

— Tú más que nadie sabes que jamás viviré — respondió la muerte con la serenidad que lo caracteriza.
— Solo quiero ayudarte — replicó la vida.
— No necesito vivir la vida para existir — acertó la muerte.

La vida le regaló una sonrisa y luego dijo: Sabía que jamás te iba a convencer de vivir, pero al menos me escuchaste y gané un poco de tiempo...

— ¿Qué insinúas? — Entonces, ¿A qué has venido si ya sabías mi respuesta? — preguntó la muerte.
— A darle más tiempo de vida a los humanos.

ILUSIÓN

No importan las galaxias, las estrellas, los cosmos estelares, ni las cuatro dimensiones que tiene el universo. Tan poco importan los ochocientos trillones de planetas que tiene el caos, o las cantidades de agujeros negros que existen en el espacio infinito. No importan las críticas, las envidias, o los mismísimos insultos.
No importan las enfermedades, los problemas, las burlas, y las tristezas, porque estaremos juntos para superarlo todo y regalarle una sonrisa al fracaso cuando quiera separarnos. No importan los años que pasen, ni tu cambio de la juventud a la vejez a mi lado, no tengo planes de mi vida, pero seremos dos locos improvisando contra el mundo.

Ignóralos que tú no eres menos que las demás, lo que importa es que no te creas más que los demás; y esa es la diferencia entre tú y el resto, tú sabes valorar y sabes cuánto vales sin abusar. No importa si la luna nos deja de iluminar, porque yo seré tu luz en medio de la oscuridad, nos juzgarán hasta por lo que nunca hubiéramos imaginado, pero nuestra respuesta a eso debe ser sorprenderlos como cuando se supera un marginado. No importan las cantidades económicas que tengamos, ni los fracasos que vivamos, porque tu sonrisa me cautiva, y tú dices que mi mirada te motiva, y eso crea en ambos una actitud positiva. Visitaremos esos lugares que suelen oler a café, para nunca perder la fe.

No importa tu peso, tu color, tu forma de pensar, o tu manera de actuar, eres maravillosa y muy misteriosa: como los libros. No importa tu pasado ni el mío, solo quiero hacerte feliz. Eres ese menos (-) que ahora sea convertido en ese más (+), eres ese buen pasado en mi presente, y mi presente en un pronto futuro. Eres mi todo en medio de todos, y no importa el resto si estás conmigo. Seamos tú y yo contra todo lo existente, seamos tú y yo luchando contra absolutamente todos. Quiero que seamos ese *tú y yo*, que se convierta en "soy tuyo y tú eres mía", quiero que seamos ese tú y yo para un "rato" que dure toda la vida...quiero que seamos ese tú y yo que dure toda la infinita inmortalidad.

«...Pero creo que me equivoque al decirte todo esto, porque, yo siempre fui tuyo, pero, tú nunca fuiste mía.»

ACTUAR

Cuéntame todo lo que te ha sucedido, quiero sanar tus heridas, restablecer tu corazón para devolverle alegría, acariciar tu mano y cederte mi mente, alma y corazón. Chica única, no te quiero en mi cama un instante, sino en mi vida toda la vida. Sé que sientes miedo, y que te prometieron tal vez lo mismo que yo te prometeré, pero, solo te pido tiempo…tiempo para actuar.
Y esta vez seré el primero en decirte que, no te prometo *nada*, porque te lo daré *todo*, ya que todos te han prometido todo, y al final no te dan nada. Y lo entiendo, también lo he vivido, pero esta vez yo seré diferente contigo, investigué y descubrí que a veces las palabras no son tan fuertes como pensamos, y es por eso que hoy te prometo en no prometerte nada, porque actuar es otra manera de demostrar, pero, solo necesito tiempo, solo un poco.

ELLA

Y se va, nadie la detiene, es una singularidad finita para mi vida. La he distinguido entre los múltiples universos, he estudiado toda una vida para hacer de su existencia una profesión en el amor con cada palabra de aliento. No lleva más que una sonrisa y algún que otro recuerdo que la ha dañado, es un verso demasiado difícil de explicar, es un sueño viviente de alcanzar.

Esta vez se ha entonado las uñas de color rosa, aplica dos toques de polvos en cada pómulo, y pinta sus labios de nuevo con los maquillajes que la hacen lucir espléndidamente bella. Ha venido a verme, a soltar sus plegarias encontrando el consuelo en mis brazos, lleva unos moretes de ese infeliz a quien ella ama, esto es cada semana, yo que me muero por tenerla y él que se muere por matarla.

Y se va para su infierno sabiendo que le amo rogándome que no intervenga en su situación, lastimosamente aquella cara bonita de su príncipe azul es una máscara que oculta a un infeliz que maltrata a las mujeres. Ha pasado un mes ya desde su última visita, y ha regresado, pero esta vez no es ella, es su mamá, diciendo que, aquel tipo, la ha matado.

MAGIA

Aquella madrugada en pijamas bajo la lluvia, tus labios vinculando mi alma, el cielo sacándonos fotografías, un ilusionista detrás de una loca en medio de la oscuridad, risas y susurros de amor puro, mis manos en tus caderas, y tu mirada anclada en la mía.
Tus suaves manos recorriendo mi piel. Ambos ilusionados, en personalidad complicados, pero en honestidad igualados. Casi sin respiración, en oscuridad sin visión, quitándonos la ropa en la habitación, sin miedo a entregarnos el corazón. Tu gemido en mi oído. Mi lengua un poco más abajo de tu ombligo. Tu nada te guardas, puedo sentir tus uñas arañando mi espalda. Bajo las sabanas. Agitados. Excitados. Haciendo el amor, olvidando viejas heridas. Somos uno solo, a tu lado me controlo. Estoy seguro, de que te amo, te lo juro.
Aquella madrugada, te entregué todo de mí, y me sorprendí, porque tu gran cariño lo sentí. A nadie engañamos, no fue placer, fue porque nos amamos. Esa noche mágica revivieron mis esperanzas, nivelo mi autoestima y mi confianza. Mi amor te adoro muchísimo. Cuando compusimos, cuando nos venimos, cuando lo sentimos, cuando nunca nos mentimos. Eres lo mejor. Sí que lo eres.
Lo mejor está en ti...lo descubrí cuando te perdí.

¿ADIVINAR?

Lo más bonito de estar aquí en la soledad,
Es que no tienes que estar adivinando la falsedad de aquellos que te han jurado firme lealtad.

ENAMOR ATE

Y así como esa música de Chayanne, así te puedo cantar con ese romanticismo y entusiasmo a los 4 vientos dimensionales del universo. Vamos niña misteriosa, no sé en qué galaxia te encuentres, pero te buscaré hasta el último rincón del vacío infinito. No sé cómo le titularé a esto que te estoy escribiendo, pero quiero que nunca te alejes de mi vida, que construyas mis alientos, que me entregues fuerzas para no regresar a la pesadilla.

Nada es imposible en estos tiempos ni en otros, mi mundo sería sobresaliente si estuvieras conmigo. Tal vez…yo, y solamente yo, siendo el mismísimo universo, pienso que todo lo que tengo es lo que compone mi mundo, y que soy tan solo un planeta de un universo superior, más por eso te digo; no soy lo más grande que hayas visto, tal vez sea lo más pequeño. Y mientras ningún científico compruebe lo contrario, seguiré pensando igual.

Nada me haría más feliz que estar contigo. De verdad, soy buen escritor de historias, de hecho me encantaría escribir *un libro de nuestras vidas*. Te anhelo. Te quiero llevar a conocer todo mi mundo, de punta a punta, sin leyes, sin ninguna interrupción, solo tú y yo viajando a la velocidad de la luz, dilatando el tiempo y firmando nuestro destino.

¡Ah! Y lo del título, lo seguiré pensando…

SALVACIÓN

Todo estará bien.

La noche llega fría como siempre, mis pensamientos colisionan como a dos partículas, mi pulso al azar da señales de bradicardia, lentamente me dirijo a mi habitación y apoyo mi cabeza en la almohada, puedo presenciar como mi alma se ha adueñado de los números a la izquierda (-) en la gráfica emocional de la vida.
Así sin más, tan repentino como a un instante, observo una luz y me levanto de la cama analizando esta adicción que rompe mis esquemas de fortaleza haciéndome aún más débil; hablo de la vida loca y sin sentido, de todas esas fiestas nocturnas, de las bebidas alcohólicas, de algún que otro gramo de droga mal intencionada, o de los problemas cotidianos que crecen aún más cuando se supone que llevo una vida «locamente» feliz.

Empiezo a buscar de donde proviene aquella luz radiante, pero cada vez puedo sentir como la vida sin sentido se lleva consigo una pieza de mi esperanza, es como si nunca amaneciese. Es rotundamente infernal. De pronto escucho una voz, mi alma empieza a sentirse tranquila y completa, serena, mi corazón se llena de alegría y no comprendo de donde proviene dicho sentimiento en este día, oigo una voz que susurra a mi oído diciendo que *"Todo estará bien"*, mis ojos empiezan a llenarse de lágrimas y siento que mi cuerpo se desploma al suelo, empiezo a llorar como un niño, cosa que necesitaba hacer desde hace tiempo, siento como algo abraza mi espíritu y me llena de paz

    — ¿Qué es esto? —me pregunto—, después escucho la misma voz insinuando lo mismo.

    — ¿Será este mi fin? —me pregunto de nuevo.

Cuando a la distancia más cercana escucho una dulce risa que murmulla diciendo *"Te amo y este apenas es el principio de todo lo que tengo preparado en tu vida…hijo mío"*, mis lágrimas caen como en una maratón por mis mejillas, pero ya no de tristeza si no de alegría al saber que mi creador le había hablado a mi espíritu, todas mis cargas habían sido quitadas y en mi mente no existía otra frase nada más que: *"Todo va a estar bien".*

Y ahora, puedo sentir como la presión de mi depresión se opaca como a un eclipse, puedo sentir como sube mi autoestima. Y yo, y yo que pensaba y sentía que la muerte había podido endulzarme el oído. Y yo, y yo que estaba empezando a caer en su juego mal aconsejado, y yo que me estaba hundiendo en el vacío maquiavélico del suicidio, pero no, aquella noche algo pasó, y es que DIOS me tocó, sanando mi pensamiento junto a mis sentimientos rugió, él me corrigió.

Colaboración en la letra por: *Josseline Dayanara Cruz Contreras.*

UNIVERSO

La he leído toda mi vida y su contenido es nuevo cada día, admiró toda su valentía "perdón mamá por lo que te dije aquel día". Las enfermedades la desploman, ella lucha contra eso mientras que su esposo llega en coma porque el alcohol lo aploma, yo sin valorarla, mi padre sin palabras para enamorarla y transformarla, ella está sola en medio de todos y nadie se atreve a acompañarla.

Comprendo su dolor de cabeza, soy un hijo que busca problemas con rapideza, "lo siento mamá por no visitarte cuando estuviste presa, en un pasillo oscuro y espectrado de tristeza". He detallado muchas cosas, pero no, a ella no se puede. Es un imposible. Ella se arrodilla para rogar y luchar con mis pesadillas, nunca me ha dicho "hijo, nunca andes en pandillas", tranquila mamá no te preocupes por eso, te prometo que jamás verás a tu hijo preso, seré lo que me dijiste aquel día... ¿recuerdas? aquello que querías, oculté mis lágrimas abatido de energía, ya no viviremos en agonía porque yo me encargaré de regresarte esas lágrimas de alegría.

Tu recuerdo vale la pena no quererlo olvidar, tu sacrificio siempre sabré como valorar, tus ganas de sacarme adelante han sido extraordinarias, tu amor es el más sobresaliente y llamativo, quiero que sepas que tú eres ese motivo, ese que me hace recordar y recapacitar para poder continuar. Solo tú sabes lo que he pasado y yo sé lo que tú has sufrido, ríe mamá, ríe leyendo estas líneas, llora si puedes; mis brazos están abiertos para poder acobijarte con un abrazo, que el silencio sea tan atónito como lo que sentimos y lo que no podemos decir porque no tiene explicación.

Jamás te cambiaría por dinero, por tiempo, por amigos, pero si te cambiaría por algo; mi vida por salvar la tuya. Te amo mamá, sé que siempre proporcionarías todo por mí. Ningún amor sobrepasa el tuyo por mí, ningún problema tiene solución sin ti, he sido "nada" para el mundo pero todo para ti...Solo quiero que sepas que, eres lo mejor del universo. Eres más grande que una galaxia, más hermosa que una estrella, y la más sobresaliente del mundo. Eres lo mejor del universo mamá, te amo.

BREVE

Hoy he tomado la decisión de confesarte lo que siento a pesar de ya saber tu rechazo. Permite decirte que, no cualquier persona se arriesgaría a decir lo que siente como yo me arriesgo contigo, nadie se atrevería a quererte como yo te quiero hacer feliz, nadie, absolutamente nadie niña que sopla notas musicales con su tierna voz.
Este día me detuve ante ti, ante tus hermosos ojos, frente a mi seguridad. Me siento orgulloso ser rechazado por ti, aunque me hubiera gustado rendirme sin intentarlo como otros; pero lo siento por ambos, porque lucharé hasta que me aniquiles, hasta que me sienta seguro que entregué todo por mí, intentando amarte a ti.

DÉJAME

No te puedo olvidar, ha pasado el tiempo y tal vez la mejor manera de olvidarte es morirme. Todas esas noches debajo de las sabanas entregando el alma, el uno al otro, devorando cada parte de la piel lentamente, haciendo excitar nuestro amor sin perder la razón, tus besos por mi cuello,
¡Dios!
Que forma tan elegante y paciente de hacerlo. Ha pasado el tiempo y todo sigue igual, nuestro amor ante el destino ya no es legal. Ahora vete. Lárgate de mi vida llevándote contigo el olor de mi ser…y dejando en mí tus caricias y recuerdos. Te estoy autorizando y dándote alas para que vueles, para que seas libre, para que dependas de tu propia mano. Déjame.

Ya no te amo, tu palabra me envenena, tu rutina me tiene atada a la misma condena. Ha pasado el tiempo y ahora nada puede igualar todo lo que vivimos, porque todo lo que me entregabas ya no me hacía sentir nada. Me cansé de fingir, de torturarme en el mismo pasillo oscuro. Vete y déjame sola. Acaso no ves que estoy hecho un asco, te amé tanto que di fin a amistades de años, perdí personas por estar contigo, y ahora que el mundo empezó a rotar en dirección correcta abrí los ojos a tiempo para el tiempo, pero tarde para los corazones. Mis sentimientos y esperanzas las extinguiste, acabaste con todo.

Vete y no regreses. Este universo se cansó de tu existencia en mi corazón. Déjame en paz, ya no me busques, olvídame…
¡Déjame!
Me dañaste, nunca lo esperé de ti. Déjame. Déjame al menos tomar control de mi muerte, ya que no lo he tenido en mi vida. Hazlo, déjame, porque si morir es la única forma de olvidarte, entonces no tengo otra salida.

NO

Por favor no te enamores de mí, estoy vacío para ceder lo que te mereces, estoy dañado, las heridas nunca sanan; ni siquiera con el tiempo se han convertido en cicatrices, no me busques, no me hables, no me escribas. Todos merecemos una segunda oportunidad, pero mi segunda oportunidad se enamoró de la primera y se fue con ella. No busques de mi lo que oculto, no precipites diciendo que quieres ser la mujer de mi vida, porque simplemente el amor de mi vida lo encontré desde el primer día de mi vida. Ya me cansé de definir que soy buena persona, y ya es tiempo de exponer lo peor de mí.
Tú no tienes la culpa de mi dolor, pero tampoco quiero ser yo la culpa del tuyo. Perdóname, pero no puedo darte una oportunidad...porque no quiero que dejes de pensar que eres una princesa, no quiero que dejes de pensar que eres única y hermosa, que eres magnifica. No quiero que dejes de pensar en todas esas cosas bonitas como lo hice yo por otra persona.
Ya no soy el chico de la talla sentimental, ahora soy pecho frío, no me importa nada, odio las chicas y los temas de afecto, ya no conecto, el amor es incorrecto, y el dolor es correcto, no quiero a nadie, ahora soy un maldito desgraciado que vive de la soledad y que depende de la inquietud.
Niña, extiende tus alas y sigue volando, no regreses a estos lugares, no soy tu correspondiente ni el de nadie, lo siento por ti, pero ya no creo en los noviazgos. Me dispararon al pecho, punto exacto lado izquierdo, hay un agujero enorme en ese lugar, ya no tengo corazón se esfumó, se perdió, y se extravió, porque el dolor gano la pelea.

GUÍA

Cambia el vino por sonrisas, cigarros por aliento del viento, sucesos criminales de rencor por balas de amor. Cambia las películas de acción por la lluvia de follaje en amarillo, vive la realidad de la vida y olvida el sueño de la muerte en vida: la droga. Añade notas en los calendarios, lloriquea cuando estés triste, y cambia el único mundo por nuevos mundos diferentes en sabiduría…encuentra soluciones, busca como vivir con ilusiones, no de morir por ellas. En conclusión, cambia el encanto de tu figura artística, por el timbre y el espectro de tu latido. Y muere cuando… *¡Ah! "Este archivo ya no está disponible".*

BIG BANG

Y la madre ríe, porque su hija ha nacido.
Un 14 de Diciembre del 2016 llegó al mundo su pequeño universo haciendo el Big Bang dándole sentido a su vida a pesar de las injusticias del amor.
Aquella madre recobró el brillo en sus ojos.
Ama a su hija con su vida, han pasado dos años, su sueño sigue creciendo a su vista,
La rosea de besos y candentes abrazos.
Su hija es una investigación que será juzgada a estar junto a ella hasta el día de su boda, y para cuando eso pase o pase lo que pase para bien o para mal, su madre siempre estará para darle la mano.
Para limpiar las dolorosas lágrimas de su universo.
Para animarla y entregarle consejos cosechados por su experiencia.
Su madre siempre la ayudará, siempre querrá la felicidad rendida a los pies de su hija, pero también sabe que el mundo es cruel.
Y para cuando su hija se encuentre con el *miedo*, le abrirá las puertas de su casa y la abrigará con su verdadero sentimiento y valor…
Para hacerle saber que en ella puede encontrar nada más que el verdadero amor.

JUSTIFICADO

El amanecer a tierra mojada es un consejo de la abuela oculto en el prado, una fuerza, un diferente vivir, un nuevo seguir. Un caudal de motivos y sucesos con procesos sin retrocesos, una cima en lo teatral de lo sempiterno, un positivo a la izquierda entre todos los negativos; el timbre del silencio como entre las cuerdas de una guitarra, gestos de noblezas, en las mentes riquezas, soluciones, sueños, errores, agonías y algún que otro acto que se pueda armar como cualquier rompecabezas.

Una mirada del cielo, un rose del viento, el amor apasionado en la cama con el tiempo, un evento tan común en la metáfora y tan desconocido en la realidad. Un corazón latiendo, el nombre en las últimas páginas de un cuaderno, un adiestramiento elegante sobre expectativas como la filosofía o la misma analogía, una calma en la sabiduría y de ejemplo, la *biblia* como el mejor faro de guía.

ESCRITOR

He escrito un sin números de palabras, y entre ellas la mayor parte realidades. Mi corazón se achica, y vislumbro que el auténtico *yo*, por dentro es frágil. Realmente busco en la escritura el consuelo, pero la verdad nunca he alcanzado desahogarme, porque por más que intento escribir mi tristeza…siempre sigue ahí, aquí.

A veces las historias de fantasía tienen una oscura realidad, y es que, personalmente, soy un idiota con buenas estrategias para narrar sus dolorosos escritos con sabor a preciosidad; o algo así como agridulce. Más de alguna vez he pensado en dejar de escribir, pero no puedo porque amo hacer esto, simplemente no estoy preparado para rendirme aún.

Siento que tengo la edad del universo soltero, pero no culpo al amor de mi mala suerte, amo mi mundo y lo construyo a diario, sigo esperando a esa chica para que me enseñe lo extraordinario. Soy absolutamente todo lo que escribo; *interiormente*. Solo pido un momento, para demostrar que la poesía, está en los corazones, así como en el mío.

COMPROMISO

Aquel niño tiene grandes expectativas, sueña con ser más que un simple alguien como lo piensa el resto, él no quiere ser cualquier alguien desconocido, él quiere ser un completo conocido, un nombre con una definición extensa en la espalda de cada palabra. Él quiere ser un nombre que incomode conciencias, que mueva el mundo de la escritura con cada palabra que navega en los pasillos de su alma. Él quiere ser un nombre legendario y para eso sabe que tiene que trabajar para colocarlo en las vitrinas literarias de su país. Aquel niño sueña a lo grande.
Dicen que todo es imposible, pero dentro de lo imposible debe haber algo que pueda ser posible. Aquel niño se atreve a soñar lo inexplicable, cosa que ni el mismísimo imposible sabe cómo podrá transformárselo en algo posible.
Pero….

…«A ustedes les digo, 18 años, 4 libros, un éxito alcanzado y reconocido a lo grande por mi familia y mis amigos. Y lo que aún me queda por hac…»

¡Ah, perdón! Sí, lo olvidé. En lo que estábamos.
Aquel niño ha empacado sus molestas, da un último suspiro para no olvidarse de su barrio, ha salido de casa, y ha salido con las mayores ilusiones como ninguno. Vivió 16 años en un barrio marginado, lleno de drogas, bebidas alcohólicas, inseguridad, pobreza y ahora ha llegado a su destino y sigue con la frente en alto aunque sus sentimientos estén por los suelos. Tuvo que tocar puertas en lugares lejanos sin saber que había detrás, y todo porque en su país jamás se las abrieron para investigar y poder progresar su talento. Y ahora, hace algo que nunca ha hecho, porque se ha superado en lo que le encanta hacer. Y ahora busca un nuevo reto que nunca estuvo en su lista.
Aquel niño crece y se expande en la historia, sueña con eso de ser escritor. Aquel niño de la misma camisa todos los días, de los pantalones rotos y de la cara curtida está logrando grandes cosas. Aquel niño se siente abatido, devastado por la inmensa ola de inmigrantes huyendo de sus tierras por las escasas oportunidades.

Y ahora, aquel niño siente que su éxito no lo definen 4 libros, sino la situación humanitaria que se vive en su amado país, y en mundo. De qué sirve escribir si nada mejorará, porque aun mejorando el mundo habrá alguien quien te dañará, y te dañará quien ame el ego, quien sea fan del dinero, quien vele por sus propios sentimientos. Aquel niño no le tira a nadie, solamente dice la verdad. Y el verdadero éxito es amarnos unos a otros…no tener dinero. Aquel niño sigue escribiendo, y ahora lo hace para su país. Quiere enseñarle al mundo que su país no es lo que aparenta, quiere enseñar la realidad, y es que, el actual gobierno no cumple con las expectativas. Corrupción sin límites. Mediocridad exagerada. Intimidación. Crueldad.

Y aquel niño ahora dice la verdad, está cansado como todos. A DIOS le pide por su país y por el mundo. Sueña con algún día verlo libre y en pura paz.

Aquel niño sabe que la peor condena para un idealista es callar sus pensamientos, es como ver a alguien en un quirófano perder su aliento.

¡Que viva Honduras!

Fuerzas, ánimos que todo acaba.

EDITORA

Hoy he tomado la decisión de escribirte de nuevo, de enamorarte a pesar de tu ausencia. Todo se terminó, aunque realmente nunca comenzó. Sonríe pequeña princesa, alisa tu cabello y no uses maquillaje, eres un libro difícil de entender. Ya nunca más te sentirás nerviosa con mi presencia, ahora tranquilízate dueña de los mitos de la belleza, leyenda urbana y editora de mi vida, porque sí, tú cambiaste mi vida por completo.

No importa lo que pase, nunca dejarás de transitar y de romper las reglas de mi recuerdo, seguirás brillando, deleitando con tu ternura, creando poesía en los demás con tu mesura. Eres una hechicera que fragmenta todos los esquemas, eres un lenguaje alto en el amor, en el cariño luminoso, maestra y licenciada de los derechos del sentimentalismo, creadora y fundadora de mi ilusión, reina de mi alma, navegante de pasiones.

Siempre serás importante en mi vida, me enseñaste muchas cosas que me transformaron, que me mejoraron. Nunca dije algo en contra tuya, al contrario, siempre te exhibía y en muchas ocasiones eras la inspiración en mis poesías. Te agradezco desde lo más profundo de mi corazón. Gracias por responder mis mensajes, por los abrazos, por los estrechones de mano, por la compañía que me dabas y por saber manejarme con tu mirada. Te amo, contigo todo era diferente…lo digo realmente. Te amo, y a pesar de la lejanía aquí estás conmigo, eres de lo mejor que ha descubierto mi vida. Jamás te olvidaré mi pequeña.

ANÁLISIS

Y se está cumpliendo, hay descontroles por todos lados, hambruna, guerras, entre otras cosas. El hombre ama el dinero, ha dejado el amor de lado, quiere cosechar fama para ser alagado, es un feroz león queriendo aparentar ser una oveja, se olvida de aquellos que le han confiado, acusa a sus padres de los errores propios cuando lo único que ha hecho es desobedecerles y caer en ellos fácilmente. Su compasión se está acabando, su ego sigue marchando, ríe cuando otro pierde llenándose de orgullo, aparenta ser lo que no es, se escabulle adorando el sexo y rompiendo corazones, no cree en nadie, ha traicionado así como viste de ropa, luce joyas y diamantes, se resta su propia importancia y se sega ante las cosas materiales, no recuerda el perdón, vive de una ilusión, habla sin saber, se avergüenza de su pasado, piensa que el tiempo va y viene como el dinero. Y se está cumpliendo, el hombre testarudo con el tiempo se está presentando, sin amor, con rencor, creyente de la vida sin sentido más que de DIOS.

ESENCIA

¡Aquí algunos motivos para conquistarte!

Motivo 1: Quiero estudiar tus propiedades, tus números, tus figuras geométricas de tu cuerpo, tus temores que restan tu valentía y tus sueños que se suman proporcionadamente.

Motivo 2: Sin ti mi prosperidad no tiene consuelo, es fingida, te aclama mi vida, me gustan las entradas en la vida, pero odio las salidas.

Motivo 3: Te amaré a la cercanía, lejanía, y también en la agonía, sin distancias y sin anatomías.

Motivo 4: Seré un novato sorprendiendo a todos en las ligas profesionales de tu corazón.

Motivo 5: Has eclipsado mi vida de la decepción, me levantaste de la depresión y ahora es mi turno de hacerte vivir por una ilusión.

FUGAZ

Tú estabas aquí, sé que no lo has olvidado, sé que sueñas con volver a intentarlo. Nos perdimos en esa cálida noche después de nuestra cita, solo fuimos tú y yo, dos locos indagando al más allá del amor, dos pervertidos buscando satisfacer las necesidades del uno al otro, las llamas de pasión y de placer encendían nuestro deseo, ese que disfrutamos al nivel de ambos, el que gozamos de una manera tan apetitosa, y el que mi avidez quiere volver a vivir contigo.

Sí, fue más de lo que pensé que iba hacer, parecías una maestra enseñándole a su alumno como hacer su tarea, te movías jodidamente bien, mordías cuidadosamente mi labio inferior, piloteabas tu boca irreprochablemente conociendo todas las coordenadas de mi cuerpo. Y yo que aprovechaba haciendo círculos con mi dedo, luego entraba y salía las veces que quería, y tú, tú que te dejabas y gemías tan afinadamente que daba gusto escucharte. Era una ceremonia que se había salido de control, era lo mejor del mundo.
Por primera vez en mi vida sostuve dos estrellas luminosas similares en mis manos, pude admirarlas y besarlas con suma precisión, tú te gozabas cerrando tus ojos mordisqueando tu labio, yo te veía y no te enterabas, verte disfrutar de mi oficio era lo mejor, lo nunca antes visto.

La pelea era pareja, anclabas tu mirada de deseo en mis ojos de posesión, una fiera a un ritmo como a una de esas canciones de reggaetón, una artista de codicia, eras la principal dominante en aquel momento. Y en aquel momento, sobrescribiste tu cuerpo encima del mío, dedujiste que más allá de mi silencio soy un guerrero preparado para el roce de piel a piel, me pedias que te siguiera la pista, que saliera de mi mundo para entrar a tu universo. Y yo sin pensarlo, puse en marcha mi investigación de salir a buscar vida allá afuera, y la encontré dentro de ti.

Te estremecías de arriba hacia abajo, lentamente, se sentía tan bien. Quiero volver a vivir esa noche, quiero volver a tener una cita con ella otra vez, pero recordé que no tengo tan siquiera su número telefónico y que en esa noche nos conocimos para luego ser dos desconocidos como lo éramos antes de irnos a la cama. Esa noche fue loca como los dos locos que la actuaron, podría describirla como; ambición fugaz, y desaparición eterna.

ESTRELLA

He dejado de leer, he dejado de aprender. Perdí el rastro del amor encerrado por cuatro murallas, fue duro mientras perduró y vean ahora el espíritu de este joven hasta dónde llegó. Me esperan muchas cosas allá afuera, pero que nadie diga que los lujos y camioneta nueva valen más que mis amigos que residen en otras tierras.

Extraño mi viejo pasear, mi agitar y mi respirar; y todos aquellos momentos que viví en aquel lugar. Poseo memorias y mejorías, las que aprendí y comprendí por causa de dichas agonías. Lloré mucho, me agoté ya descansé y regresé, seguiré fuerte y pasivo sin olvidar de dónde vengo, sabiendo el lógico sacrificio de lo que obtengo.

El no estar cerca de aquellos que me vieron tropezar y madurar, es lo que hace que mi seguimiento se anule y pueda por un soplo hasta dudar. Conocí el fracaso y el verdadero significado del atraso. Ya es tiempo de analizar; el éxito de hoy queda corto, porque detrás de cada estrella hay un universo entero por alcanzar y superar…

APARIENCIAS

Y no te ilusiones con nadie dijo ella. Llora antes de tenerla, para que sonrías después de perderla. Así es la vida dijo ella. Así es de confusa, sonríen por su soltería cuando no tienen a nadie y lloran cuando encuentran a alguien. Alguien que las hace sufrir, e ignoran a ese alguien que las hace sonreír. No te dejes llevar por apariencias, déjate seducir por tu inteligencia, y alza tus alas para volar, para soñar despierto, para empezar a amar corazones, para superar sin olvidar lo sufrido, para coser las mejores etapas de la vida.

No te enamores dijo ella. No lo hagas sin antes entrenar, para que a medio camino no te vayas a desplomar. Piensa muy bien antes de hacer algo dijo ella. Y tenía razón…busqué sexo sin medir las consecuencias, y encontré el VIH. Una vez pensé en llegar a viejo, pero ahora presiento que me iré antes de tiempo. Me asfixia este sentimiento. Se va robando cada pieza de mi alma.
No pierdas la fe dijo ella. Todos somos humanos, pero es una lástima que solo lo aparentamos. Te quiero dijo ella con la mirada más triste del mundo.

La ignoré y bajé la mirada. Yo también dije. Pero lo nuestro era imposible, porque tú te casaste por dinero y yo me revolqué con otras para vengarme y sanar esa herida que ocasionaste.
«Ojo por ojo, diente por diente, a veces el que se venga es quien se arrepiente»
Ella me aconsejó, ella me lo dijo. Pero yo, busqué cuerpos para asesinarme y no corazones para revivirme. Y todo por ella, y por las malditas vendas de mis ojos.
Y vaya quien me aconsejaba, la mujer interesada por dinero que por corazones…

GJ 667C c

Su pensar le inquieta, su creencia no depende de ningún DIOS, porque su dolor va más allá de su fe. Ha sufrido por el rechazo de su propia familia por tener síndrome de down. Su alma siempre se mantiene en iluminación cuando recuerda, pero su corazón permanece en oscuridad. Oculta la ira, se deja llevar por su conciencia mal aconsejada, llora deseando morir, le ruega ahora que está mal y siempre le agradecía también cuando estaba bien; a Dios. Le ha llegado la codicia dudando de un ser superior a nosotros, la depresión se agiganta, pierde el control de su razón, por las noches no duerme tranquilo, por el día se encierra en su mundo frío, se encuentra anclado en el abismo, ha olvidado su propósito de vida, su madre estrella *«Gliese»* prefirió las drogas, que a su hijo.

Su padre prefirió irse con otra mujer, que estar al lado de su hijo. Aquel chico vive en las calles del universo, nadie le ayuda, cada día se apaga su esencia, su esperanza se ha convertido en un agujero negro, su fuerza ya no da para más, la melodía suena, sus ojos se cierran, expresa su sufrimiento con una sonrisa, la puerta de la vida se le ha cerrado…y, la de la muerte, se le ha abierto. Ha pensado en el suicidio, y es hora de marcharse. Ni DIOS ni nadie podra detener su muerte, no cree ni en la buena ni en la mala suerte.

¿JUGASTE?

Una agonía más, una noche larga de nuevo, una sonrisa pérdida en la nada por este dolor que me cruza desde el pecho hasta mi cavidad, una pesadilla dentro de mis pensamientos envueltos en la realidad, una lista negra de mis decepciones, una ilusión más que me ha tumbado desde lo alto de mi actitud. ¡Otra vez no!
— ¿Dónde estás ahora?
Te necesito, me estoy muriendo lentamente, no sé nadar en el mar de la tristeza, aquí adentro está lloviendo...dejaste destruido el clima agradable, te llevaste la luna y las estrellas, se te olvidó que dejaste mi corazón enamorado, entraste de emergencia y cure tus heridas, y ahora:
— ¿Así es como me pagas?
Te marchaste y te robaste hasta mi dignidad, creí en ti, siempre te defendí, me dedique a cuidarte y a dejar de hacer cosas importantes. Estoy mal de la mejor manera que las veces anteriores, me hiciste daño, pero mis experiencias me mantienen. Me engañaste con tu apariencia, ni si quiera me demostrabas que me querías y yo lo tomaba como que me querías, no entiendo por qué hiciste esto, siempre te amé, te extendí mi mundo a tus pies y en vez de levantarlo jugaste al fútbol con él. Pero... no lloraré por ti, porque, no mereces ni un cuarto ¼ de una sola lágrima mía.

INTERIOR

Soy un chico que ama los eclipses lunares, y las misteriosas aguas del universo. Soy un chico que ama el amanecer, así como también las profundidades del cielo. Hago bastante ruido con mi silencio. Soy un loco difícil de entender.
Soy ese chico que puede ver tu alma y tu corazón a través de una sonrisa esbozante, y que comprende tus cambios de humor. Soy ese chico que odia lo exterior y que ama lo interior. Soy ese chico que habita y ama los bosques de la poesía, en pocas palabras soy una historia que debe ser contada por mi propia mano…o tal vez por otro corazón.

MUNDO

El mundo no pudo conmigo. El mundo tiró toda la basura a mis espaldas, pero soporté. En ocasiones morí, pero renací con más violencia y volví. Lentamente. En silencio. Aquel moribundo ignorado por el mundo, muy pronto será admirado por el mundo. El miedo se acabó. Al fin y al cabo, la sociedad me tiene que aceptar.
Mi pensar no titubea, y aunque muchos no lo crean, hasta los más fríos flaquean. Luminoso como el cielo por las noches, violento como el sol por el día, sereno como el invierno, reservado y alegre como el prado.
El mundo no pudo conmigo. El mundo fracasó en su intento de hacerme fracasar. Crecí pero no para humillar, sino para mejorar. El mundo fracasó. No pudo conmigo, simplemente porque nunca dejé de luchar por mi objetivo.

ELLA

Tiene que salir a trabajar. Maquilla su rostro con pasión. Las sombras alrededor de sus ojos le brindan una fugaz mirada encantadora. Supone no creer en el amor, porque amor es sinónimo de dolor. Lamentablemente en su interior hay un resplandor, y por más que se niegue a creer en el amor añora encontrar a su hombre encantador.
Prepara su sonrisa con el labial rojo. Busca ese escote atractivo que exhiba parte de su pecho, como algo creativo que alivia su lado negativo. Aquella mini falda pegada a sus caderas descifra el disturbio de cualquiera, porque ella puede aparentar vestirse como ramera, pero es una dama de las pasadas eras. Alisa su cabello. Rosea de perfume su cuello.
El calzado perfecto, para crecer en estatura y en intelecto, y en tercer plano atraer todas las miradas de su trayecto.
Ella sabe su verdadero valor, pero ahoga sus heridas con licor. En ocasiones amante de románticas canciones, y en otras, amante de las malas composiciones o posiciones. El cigarrillo para relajarse, el silencio para cortarse, y la soledad para desahogarse.
No quiere piropos. No quiere poesía. Ella desea morir cada día.
Una belleza locamente extravagante, su manera de expresar mejora semblantes, posee todo para ser elegante pero en estos tiempos no tiene nada de interesante.
Nunca ha traicionado. Muchas veces se ha ilusionado. A nadie le ha rogado.
Detrás de sus sonrisas, hay miles de heridas que aún no cicatrizan.
Ella es una historia que sabe a gloria. Un amuleto completo y discreto.
Tiene que salir a trabajar, no depende de nadie porque ella sola se ha logrado levantar.
Pero…sigue en busca de una alma, una alma que le transmita calma y que no solo quiera una noche en la cama.
Ella es única. Ella es un misterio en busca de algo serio.
Ella es una princesa, una alteza de la belleza.

SOLO

Brillo por mí solo. Soy el centro universal. Una sabia mirada. Soy lo desconocido.
Nací para ser maravilloso. No soy orgulloso, pero si rencoroso.
Un niño que se creció en el peligro. Un amigo de palabra. Un enemigo astuto.
A la buena soy bueno, y la mala soy malo.
Aprendí a decir las verdades en la cara. La hipocresía la detesto, a veces mi sentimiento lo arresto, porque cuando me dañan protesto, doy todo de mí y después dicen que yo soy el que apesto.
Qué pena por aquellos que solo ilusionan, a su corazón desvaloran y decepcionan cuando alguien los rechaza porque ya no entonan. La vida les devuelve la pedrada.
Sereno como la noche. Espectacular como un ocaso. Sin miedo al fracaso.
Un corazón legendario. Soy un mito recóndito. Soy lo mejor.
Brillo por mí solo. Soy magníficamente diferente.
Si quieres saber de mí pregúntame a mí, no a la gente.

RESERVADO

Él la quiere. Él analizó y lo descubrió, de ella se enamoró. De ella se enamoró. El chico más reservado del mundo, lo ocultó. Moría por decirlo, pero su mente jugaba a contradecirlo.
Él pensaba que para desahogarse debía refugiarse en la soledad, más no sabía que destrozaba en su interior la felicidad. Ere adicto a su discordante manera de ver el mundo. Era completamente diferente.
Se enamoró de ella, pero ella, ella no encajaba perfectamente en su alma. Ella creía que lo más importante era un físico ajustado, que un momento frente al mar olía a amargura, que no se puede amar a quien no tiene una linda figura, que una fiesta sanaba heridas y te haría lucir una persona más madura, que el dinero era primero, que no se aceptaba rosas el 14 de febrero.
Ella creía todo lo contrario a lo correcto.
Él seguía guardando silencio, sereno y tenso. Él se enamoró de ella, pero ella creía en cosas diferentes.
Él se negaba, y todavía lo ocultaba. Lo sigue ocultando como un canalla, y véanlo ahora, escribiendo detrás de esta pantalla... o en estas hojas.
Él escribe para sanar heridas. Él escribe para calmar un poco su agonía.
Él se enamoró de ella, pero ella se aferraba a lo material.
Él se enamoró y reserva su dolor, tal vez ella cambie de pensar cuando sepa que soy escritor.

TIRANÍA

La vida no es fácil y de un momento a otro descubrimos que también es frágil. La vida tarde o temprano termina enamorándose de la muerte.
No creo en la suerte, soy fuerte, puedo sorprenderte, y tengo ese don de comprenderte.
La vida se disfraza, suele ser payasa, lo mundano te atrasa y sin DIOS todo el mundo fracasa.
No existe comparación, entre la competición de religión, que una verdadera oración.
La vida a veces te desmotiva, pero no importa siempre encontramos la salida.
En la vida se aprende, ganar es lo que se pretende, pero las oportunidades no ante todos se extienden.
La vida es cruel, los corazones se rompen como papel. La vida no sabe a miel. La vida no es fiel.
A veces de buenas, a veces de malas, decir la verdad es ofender o disparar con balas.
La vida simplemente es demente. No tiene mente.
La vida es una fantasía y la muerte sabe a tiranía.

AUTÉNTICO

En mi rostro, no cabe ninguna tonalidad de expresión. No expresa emociones. En mi mirada se acumula un incierto porciento de misterio. Un cuerpo con pocas expectativas y marcas, pero una mente más fuerte que aun fisiculturista.
Dicen que a primera vista, me noto egoísta. Dicen que a primera vista, mi silencio sabe a racista.
Pero no…ellos se equivocan.
Ellos piensan que con la vista, se conocen las historias pasadas, las heridas, los sacrificios, el dolor de los vicios. Ellos solo suelen hablar sin parar.
Antes de juzgar intenta pensar, que pasaría si tú estuvieras en mi lugar.

CONTRADICCIÓN

A veces me contradigo en lo que escribo. Me encantaría cambiar el mundo, pero es imposible. El mundo empeora cada día. Hoy puedo escribir encontrar de las drogas, del alcohol, pero sé que el día de mañana esa pedrada puede regresar a mí. Soy imperfecto igual que ti, y hoy, hoy puedo escribirte los mejores consejos pero mañana pueda ser yo quien los necesite.

La adicción debe ser como un cáncer. Te mata poco a poco. Por ahora soy libre de todo aquello que me puede asesinar lentamente. Pero debo aprender a comprender un poco más a la gente. El alcohol solo atrae los problemas, es como un imán de la mala suerte. Las canciones explicitas son compuestas por personas inconscientes aunque nadie lo admita. Pero quito mi crítica, más daño nos hace la política. El solo sexo no nos beneficia, necesitamos amor para desaparecer cualquier tipo de codicia.

La imperfección también me acompaña, actualmente puedo hablarte bien de lo que hoy te daña, pero puedo caer en cualquier adicción mañana.

VUELA

Patria querida, sé que estas en coma, pero ten fe que pronto cogerás alas y serás libre como siempre lo has soñado.
Honduras, cuna de lo sagrado, tierra mítica y honrada, con una perfecta industria de sazón.
Honduras, corazón de Centroamérica, belleza monumental para el cosmos infinito.
Honduras, patria querida roseada de paz y solidaridad.
Honduras, poesía eterna en las recónditas aguas de la esencia.
Honduras, eterna y soberana.
Honduras, simplemente la prueba de que nada es imposible siempre y cuando creas en ti.
Honduras, ¡vuela! Y hazlo con fe, que pronto acabará la condena en la cual estas atada.

Honduras, hoy te confieso que he escrito un diario completo. Un diario completo pero no común y corriente. Un diario que no habla de mí, sino de ti.
Honduras, es un diario dedicado a ti. Diario 5 estrellas, la tierra más bella.

VIEJO

PARA: Mi Papá.
DE: Su amado hijo.

Feliz día papá. Sé que nunca te he escrito, que he dejado de escribirte, que he dejado de hablarte, pero que nunca he dejado de amarte. Eres el hombre que más me ha amado como lo dice esa canción de Vicente Fernández.
Yo sé que no estás bien, lo digo porque yo estoy así también. Yo lejos de casa, tu enfermedad me amenaza que más temprano que tarde la muerte a tu vida sobrepasa.

Recuerdo muy bien tu rostro desencajado cuando los problemas recaían en tus hombros: matrimonialmente, y económicamente. Cuando llorabas recordando a mi abuela. Cuando mi vida se hacía insignificante al observar tus ataques cardiacos.
Recuerdo tus borracheras y rancheras. Tu voz. Tu mal humor atroz. De recordar nunca me agoto, todo el tiempo me paso viendo tu foto con el corazón roto.

Feliz día papa. Te ibas a la cama con alegría, y ahora, y ahora te vas a la cama en agonía. La cama vacía. Perdóname por todo papá. Te quiero. Te quiero con mi alma. Gracias por enseñarme que en la vida se debe aprender a perder sin perder la calma. Y que también se debe sufrir para ganar y superar aquello que tarde o temprano me hizo fracasar. Gracias papá por todo.
Sé que a ti te están pesando los años, y a mí los días porque te extraño.
Y hoy aquí lejos de ti, en mi libro te escribo a ti.

Simplemente no digas nada, la vida es complicada en ocasiones motivada, y en otras por la mala suerte esta es besada. Para madurar estaban tus regaños, a mi mamá le dolió mucho saber de tus engaños, y ahora se ven como dos extraños, pero no puedo estar del lado de nadie porque ambos se hicieron daño.
Lo mejor que me pudo pasar, fue nunca aprender a juzgar. Poco a poco comencé a crecer y a crear, y con tu apoyo a mejorar. No

pienso exagerar, jamás aprendí a confiar, sin embargo creo en tu "voy a cambiar", más de alguna de mis palabras por dentro te hizo llorar, más tarde que nunca estaré en tu lugar y lo que algún día sembré en ti para bien o para mal lo voy a cosechar.

Por primera vez en mi vida lo voy a desatar, hoy cree en mi perdonar.
Te perdono papá, y espero me perdones…

PD: No lo olvides papá, debemos ser fuertes y mantener la fe.

JSMU

"Por supuesto que hay *«posibles»* dentro de los imposibles".

Jefry S.

¡NUNCA DEJES DE CREER!

Libro dedicado a Lía Evangely.

www.ingramcontent.com/pod-product-compliance
Lightning Source LLC
LaVergne TN
LVHW091554060526
838200LV00036B/836